Schnitzen lernen für Kids

Robin Edward Trudel

11 Projekte für Menschen von 4 bis 16

Verlag Th. Schäfer im Vincentz Network

Veröffentlicht bei:
Linden Publishing Inc.
2006 S. Mary St.
Fresno, CA 93721
USA

Deutsche Ausgabe:

»Schnitzen lernen für Kids«
Übersetzung: Michael Auwers, Friedland
Zusätzliche Fotos auf Seite 6, 7, 8, 24, 25, 31, 46, 47, 94: Michael Auwers
Lektorat: Joachim F. Baumhauer
Satz: topLetter, Seelze
Druck und Bindung: BWH GmbH, Hannover

ISBN: 978-386630-921-0
Best.-Nr.: 9225

Verlag Th. Schäfer im Vincentz Network GmbH & Co. KG
Plathnerstr. 4c
30175 Hannover

Fordern Sie ein kostenloses Gesamtverzeichnis an
und besuchen Sie uns im Internet
www. th-schaefer.de

Das Schnitzen von Holz und anderen Materialien bringt schon von der Sache her das Risiko von Verletzungen und Schäden mit sich. Autor und Herausgeber können nicht garantieren, daß die in diesem Buch beschriebenen Arbeitsvorhaben von jedermann sicher auszuführen sind. Autor und Verlag übernehmen keine Verantwortung für eventuell entstehende Verletzungen, Schäden oder Verlust, seien sie direkt oder indirekt durch den Inhalt des Buches oder den Einsatz der darin zur Realisierung der Projekte genannten Werkzeuge entstanden. Die Herausgeber weisen ausdrücklich darauf hin, daß vor Inangriffnahme der Projekte diese sorgfältig zu prüfen sind. Ebenso muß sichergestellt werden, daß vom Ausführenden die Handhabung der jeweiligen Werkzeuge beherrscht wird.

Inhalt

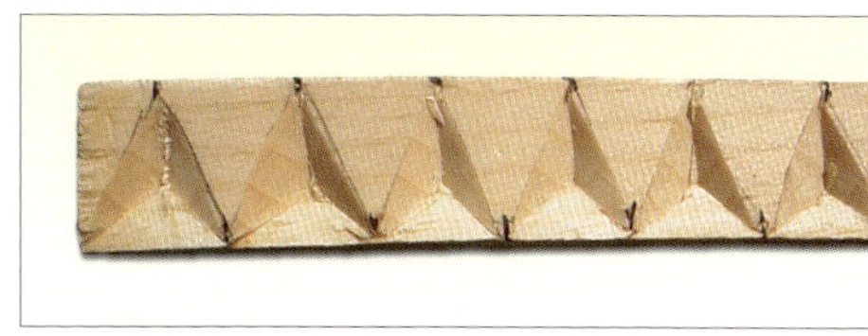

Einleitung

Wir leben heute in einer Wegwerfgesellschaft. Es sieht so aus, als würde das Bedürfnis immer geringer werden, ein Kunsthandwerk zu erlernen. Warum sollte man lernen, einen Holzlöffel zu schnitzen, wenn man für wenig Geld einen kaufen kann, der seinen Dienst tut? Dazu kommt, daß im Bildungsbereich immer mehr gekürzt wird; oft sind es die Angebote im Kunst- und Handwerksbereich, die zuerst darunter zu leiden haben.

Wenn ich diese gesellschaftliche Entwicklung beobachte, stellt sich mir natürlich sofort eine Frage: Wie sollen unsere Kinder jemals die Freuden des kreativen Arbeitens kennenlernen?

Zunächst ist es wichtig, daß Kinder das Handwerk und Kunsthandwerk überhaupt kennenlernen. Hat ein Kind das Holzschnitzen entdeckt, wird es noch nicht unbedingt ein künftiger Michelangelo sein, aber das Schnitzen könnte durchaus zum Beruf oder einem lebenslangen Hobby werden. Ein Interesse an Holzarbeiten führt bei der Berufswahl unter Umständen zum Zimmermann oder Möbeltischler. Wer künstlerisches Interesse in sich entdeckt, wird vielleicht Grafiker, Maler oder auch Architekt. Solche Neigungen können sich auch unmittelbar auswirken, zum Beispiel wenn Jugendliche ihren Wunsch, sich auszudrücken, im Bereich der Bildhauerei ausleben und nicht auf weniger erfreulichen Gebieten.

Menschen können nur für die Dinge ein Interesse entwickeln, die sie auch kennengelernt haben. Je mehr positive Arten sich auszudrücken ein Kind kennenlernt, desto größer ist die Wahrscheinlichkeit, daß es sich später auf eine positive Art ausdrücken wird.

Es gibt viele Dinge, die sich nicht schriftlich vermitteln und lehren lassen. Dieses Buch richtet sich an Lehrende, es stellt dabei einen Versuch dar, sowohl Handreichungen für das Schnitzen als auch für die Arbeit mit Kindern zu geben. Darüber hinaus möchte es auch Anregungen geben, wie man Lehreinheiten für das Schnitzen mit Kindern entwickeln und Menschen jeder Altersgruppe an das Holzschnitzen heranführen kann.

Das Schnitzen kann Menschen aller Generationen zusammenführen und ihnen zeigen, wie man gemeinsam etwas Unterhaltsames und gleichzeitig Schöpferisches unternehmen kann.

Beim Schnitzen zeigt man einem Kind nicht nur, wie es Holz formen kann, sondern noch viel mehr, im übertragenen Sinn ist dies sogar ihr eigenes Leben.

Von Kindern lernen

Kinder können ganz erstaunliche Lehrer sein, wenn man ihnen nur die Möglichkeit dazu gibt.

Meine Frau und ich haben vier Kinder. Jedes von ihnen ist mit aufregend unterschiedlichen Stärken und Schwächen begabt.

Wir Erwachsene vergessen gelegentlich den Wert der einfachen Dinge. Ein im Garten gefundener Stock kann sich in ein Zauberschwert verwandeln, in eine Flinte, eine Zeltstange oder hundert andere Dinge. Das liebste Weihnachtsgeschenk eines Vierjährigen ist vielleicht nicht das teuere, didaktisch wertvolle Spielzeug, sondern die Pappschachtel, in der es verpackt war. Ich erinnere mich nur zu gern an einen großen Karton aus Wellpappe, ein Geschenk meiner Großmutter. Zuerst war er eine Eisenbahn. Dann gab mir meine Großmutter einen Malstift, mit dem ich den Karton in ein Auto verwandelte und schließlich in ein Raumschiff. Ich kann mich nur an wenige der Spielzeuge erinnern, die damals ihren Weg aus einer Spielwarenhandlung zu mir fanden, aber dieser Karton wird so schnell nicht in Vergessenheit geraten.

Warum erinnere ich mich also gerade an diesen Karton? Weil ich in ihn etwas hineingelegt hatte. Ich hatte den Karton erschaffen, darüber entschieden, was er sein sollte, und hatte ihn meinem Impuls folgend verändert.

Wenn ein Kind seine Phantasie und Mühe in etwas wie eine Holzschnitzerei hineinsteckt, wird aus diesem Gegenstand etwas sehr Persönliches. Hilft man einem Kind, etwas zu erschaffen, das es vorher in dieser Welt nicht gegeben hat, so ist dies ein sehr beeindruckendes Erlebnis. Mit der Zeit erwirbt das Kind weitere Fertigkeiten und gewinnt Selbstvertrauen. Irgendwann wird es dann auch etwas völlig Neues schöpfen. Gibt es etwas aufregenderes als den Augenblick, in dem man etwas hervorholt, das zuvor nur in der eigenen Phantasie existiert hat und das man nun der erstaunten Welt vorzeigen kann?

Manche Kinder sind mehr daran interessiert, einen Gegenstand fertigzustellen, als daran, den Herstellungsvorgang zu genießen. Es ist für das Kind wichtig zu verstehen, daß es die Welt, von der es umgeben wird, selbst formen kann. Jedes Kind wird etwas anderes in den schöpferischen Vorgang hineinlegen und auch andere Dinge daraus ziehen.

Man sollte diesen Vorgang nicht forcieren und den Kindern vielmehr den Raum lassen, das Holzschnitzen in ihrem selbstgewählten Tempo zu entdecken.

Der Weg des Schnitzers

Leider besitzen wir nur wenige Holzschnitzereien der frühen Menschheit. Geschnitzte Objekte müssen gepflegt werden, und selbst dann vergehen sie mit der Zeit. Die Skulptur ist eine der frühsten Kunstformen. Der Urmensch besaß Holz und scharfe Steine, und er verband beide Materialien, um seine ersten Werkzeuge herzustellen.

Einfache Schnitzereien werden mit nur einem Werkzeug gefertigt. Für komplexere Schnitzereien braucht man mehrere unterschiedliche Werkzeuge. Das Holzschnitzen ist vermutlich so alt wie die Verwendung von Werkzeugen überhaupt. Die ersten Menschen formten mit scharfkantigen Steinen Speere, Stecken und andere Gerätschaften.

Es war David LaHue, der mich mit der Kunst des Holzschnitzens bekannt machte. Dave war früher unter anderem Zimmermann und Möbeltischler. Wir arbeiteten einige Jahre zusammen, und im Lauf der Zeit steckte er mich mit seiner Liebe für das Arbeiten mit Holz an. Einmal schenkte er mir zu Weihnachten ein Schnitzmesser und ein Stück Lindenholz. Nachdem er mir die wichtigsten Arbeitstechniken gezeigt hatte, meinte er, jetzt sei es an der Zeit, einen Pilz zu schnitzen. Nachdem ich eine Menge Späne und Heftpflaster produziert hatte, hielt ich endlich ein Objekt in den Händen, das einem Pilz ähnelte. Von nun an konnte ich nicht mehr davon lassen.

Als nächster kam Mark Boulanger. Mark war Tischler in der Firma, in der Dave und ich arbeiteten. Ich war gerade befördert worden und arbeitete nun mehr mit Mark zusammen, während der Kontakt zu Dave weniger wurde. Mark ist ein begabter Handwerker und brachte mir die nötigen Kniffe und Techniken bei.

Es dauerte nicht lange, und ich ging in der Bücherei auf Suche nach Informationen über amerikanische Schnitzer. In den USA gibt es eine Schnitztradition, die Karussellfiguren, Galionsfiguren und andere Volkskunst hervorgebracht hat, aber auch die Schnitzereien der Tramps, der amerikanischen Landstreicher. Viele der Bücher aus der Bibliothek stammten aus den 1940er und 50er Jahren. Unter ihren Verfassern fiel mir besonders E. J. Tangerman auf.

Sein erstes Schnitzbuch war ein kleines Heft für amerikanische Pfadfinder. Er schien sich selbst die Aufgabe gestellt zu haben, das gesamte Wissen über Schnitzereien, die er irgendwo vorgefunden hatte, schriftlich festzuhalten. Auf seiner Suche danach kam er sogar nach Südamerika, in die Anrainerstaaten des Pazifiks und nach Europa. Während meiner ersten Jahre als Schnitzer dienten mir immer wieder die Vorlagen in seinen Büchern als Anregung.

In dieser Zeit stieß ich auch zuerst auf die New England Woodcarvers, eine Interessengemeinschaft von Schnitzern, die mich mit offenen Armen aufnahm. Zwei frühere Vorsitzende der Vereinigung, Rip Stangroom und M. Paul Ward, haben mich freundlicherweise immer wieder mit Rat und Tat unterstützt.

Ich bin französisch-kanadischer Abstammung, und bald entdeckte ich Schnitzer mit dem gleichen Hintergrund: Jobin, Cote, Borgault und vor allem Benoit Deschenes. Ihre figürlichen Schnitzereien sprachen mich sehr an und üben heute noch ihren Einfluß auf mein Werk aus.

Auf der Suche nach Informationen über das Schnitzen bin ich immer wieder auf Menschen gestoßen, die sich freuten, ihre Erfahrungen mit mir zu teilen. Jetzt habe ich Gelegenheit, mein Wissen mit den Lesern dieses Buches zu teilen.

Das Holz – eine Einführung

Jedes Holzstück war irgendwann Teil eines Baumes. Einen Baum kann man sich als eine Reihe von übereinandergestülpten Kegeln vorstellen. Jedes Jahr, in dem der Baum wächst, fügt er einen weiteren »Kegel« hinzu. Nehmen Sie einen Teil des Stammes, und spalten Sie ihm einen Keil ab, von dem Sie dann die Rinde entfernen. Je nachdem, wo Sie bei diesem Keil einen Schnitt ansetzen, arbeiten Sie mit oder gegen die Faser. Wird der Schnitt von der Außenseite geführt, schneiden Sie mit der Faser, wenn Sie von unten (von den Wurzeln des Baumes) nach oben (zum Wipfel) schneiden. Natürlich können Äste und ähnliches auch zu einem anderen Faserverlauf führen. Wird der Schnitt vom Stamminneren geführt, schneiden Sie normalerweise mit der Faser, wenn Sie von oben nach unten schneiden. Wie bei jeder Regel gibt es auch hier Ausnahmen, ich habe jedoch festgestellt, daß sie Neulingen hilft, sich den Verlauf der Fasern vorzustellen.

Die im folgenden genannten Holzarten sind in den USA gängige Handelshölzer, bei uns in Deutschland sind sie es jedoch nur zum Teil. Manche sind ebenso leicht zu erhalten wie jenseits des Atlantiks, manche wird man nur in auf Schnitzerei- oder Drechselbedarf spezialisierten Holzhandlungen bekommen. Oft lassen sie sich aber auch durch entsprechende einheimische Hölzer ersetzen.

Weymouths-Kiefer – Pinus strobus

Weymouths-Kiefer ist das Holz, das ich am häufigsten für Schnitzarbeiten verwende. Das liegt sicher auch daran, daß es bei uns in Nordamerika leicht verfügbar ist. Die meisten erkennen den Baum leicht, allerdings kann man das verarbeitete Holz mit Lärchen- und Fichtenholz verwechseln, die sich nicht so gut als Schnitzmaterial eignen.

Weymouths-Kiefer kann man in kleineren Abschnitten kaufen und dann zusammenleimen, man kann aber auch im Holzhandel größere Abschnitte erstehen. In meiner Nachbarschaft gibt es ein Sägewerk, in dem ich ohne weiteres Abschnitte mit einem Querschnitt von 200 mm x 200 mm bekomme, und das in Längen bis zu 1500 mm oder gar 1800 mm. Auch große Blöcke sind zu bekommen, können aber zu enttäuschenden Ergebnissen führen, falls sie beim Trocknen reißen.

Weymouths-Kiefer kann, wie jedes Holz, unterschiedliche Eigenschaften aufweisen. Für meinen Privatgebrauch verwende ich drei Bezeichnungen: »Zucker-Kiefer«, »Seifen-Kiefer« und »Gestreifte Kiefer«. »Zucker-Kiefer« läßt sich am einfachsten schneiden, neigt aber zum Krümeln und zur Ausbildung von Druckstellen. »Seifen-Kiefer« ist etwas härter, weißlich gefärbt mit kaum zu erkennender Maserung und eignet sich für die meisten Schnitzarbeiten am besten. »Gestreifte Kiefer« zeigt deutliche Streifen, läßt sich aber ähnlich gut wie »Seifen-Kiefer« schnitzen.
Diese Bezeichnungen sind wohlgemerkt meine eigenen Schöpfungen, die mir die Einordnung verschiedener Hölzer erleichtern. Ich vermute, daß die Unterschiede vor allem auf den jeweiligen Wuchsbedingungen beruhen und daß es sich nicht um echte Unterarten handelt. Als Faustregel kann man festhalten, daß das Holz der Weymouths-Kiefer desto leichter zu schnitzen ist, je weißer es ist und je undeutlicher die Jahresringe im eingeschnittenen Holz zu erkennen sind. Insgesamt ist jedoch Weymouths-Kiefer jeder Art ein dankbares Material, das sich gut schnitzen, schleifen und punktieren läßt.

Allerdings zeichnet es sich nicht durch besondere Stärke aus. Dünne Querschnitte und das sogenannte »kurze Holz« sollten vermieden werden oder durch andere Teile der Schnitzerei abgestützt werden.

Lindenholz – Tilia americana oder Tilia vulgaris

Das beliebteste Holz für Schnitzereien ist das der Linde. Amerikanisches Lindenholz ist in Europa kaum zu erhalten, es gleicht in seinen Eigenschaften aber weitgehend den europäischen Arten. Lindenholz bekommt man nur selten im örtlichen Holzhandel oder bei Sägewerken, es sei denn, daß es in der Umgebung größere Bestände an Lindenbäumen gibt. Im Spezial- und Versandhandel für Holz ist es jedoch meist zu erhalten.

Lindenholz ist leicht zu schnitzen, Fehler lassen sich meist gut wieder ausmerzen, und es nimmt Beizen gut an. Das Holz ist eher schlicht, die Maserung kaum zu erkennen, deshalb eignet es sich auch gut für Schnitzereien, die bemalt werden sollen.

Butternuß – Juglans cinerea

Butternuß gehört zu den amerikanischen Verwandten des Nußbaumes. Es ist ein angenehmes Schnitzholz, das in Deutschland jedoch nur selten, wenn überhaupt dann im Versandhandel zu erhalten ist. Es läßt sich ebensogut schnitzen wie Weymouths-Kiefer oder Lindenholz, hat jedoch eine deutlich zu erkennende Maserung, die Schnitzarbeiten einen zusätzlichen Reiz verleihen kann.

Nußbaum – Juglans nigra und Juglans regia

Amerikanischer und europäischer Nußbaum sind sehr schöne Holzarten, jedoch etwas schwieriger zu schnitzen. Das Holz ist gut zu schleifen und nimmt Oberflächenmittel sehr gut an. Es ist relativ leicht zu erhalten.

Lebensbaum – Thuja occidentalis

Das Holz des Lebensbaums kann auch über den Versandhandel bezogen werden. Bei der Bearbeitung sind sehr scharfe Werkzeugen unabdingbar. Das Schleifen kann unterschiedliche Ergebnisse liefern, das Holz neigt zu »wolligen« Oberflächen. Die Bearbeitung ist wegen des angenehmen Geruchs eine Freude. Allerdings sind alle Teile des Lebensbaumes giftig, bei Hautkontakt kann es zu allergischen Reaktionen kommen. Wenn man mit stumpfem Werkzeug arbeitet, gerät man leicht an den Rand der Verzweiflung.

Virginischer Wacholder – Juniperus virginiana

Virginischer Wacholder ist schwierig zu trocknen, deshalb ist das Holz meist nur in kleinen Abmessungen zu bekommen. Es ist etwas härter als die meisten Kiefernarten, seine Maserung in kontrastierenden Rot- und Weißtönen kann sehr ansprechende Schnitzereien ergeben. Das Werkzeug muß stets sehr scharf sein. Das Holz läßt sich recht gut schleifen.

Kirschbaum – Prunus serotina und Prunus avium

Sowohl der amerikanische Kirschbaum (P. serotina) als auch der europäische (P. avium) liefern sehr schönes Holz. Mit der Zeit dunkeln manche Stücke zu einem tiefen rot-goldenen Farbton nach. Kirschholz ist schwierig zu punktieren, läßt sich jedoch gut schnitzen und schleifen, wobei aber etwas mehr Anstrengung erforderlich ist als bei anderen Hölzern. Die Oberfläche läßt sich gut behandeln, besonders zu empfehlen ist die Verwendung von Ölen. Das Holz ist kräftiger als die meisten anderen hier genannten Arten und deshalb etwas schwieriger zu formen. Stücke mit ausdrucksvoller Maserung können besonders schwierig zu bearbeiten sein, da sich bei ihnen die Faserrichtung häufig ändert. Unter Umständen bekommt man auch gemischte Lieferungen aus Kirsch- und Apfelbaumholz. Ich habe die Erfahrung gemacht, daß Apfelholz sehr viel schwieriger zu schnitzen ist.

Holz trocknen

Frisch eingeschlagenes Holz ist feucht. Im Winter gefälltes Holz enthält weniger Feuchtigkeit, da zu dieser Zeit der Safttransport im Baum ruht. Der Feuchtigkeitsgehalt des Holzes kann zu Problemen führen. Beim Trocknen des Holzes treten große Spannungen auf, die Risse verursachen können. Um solche Schäden auf ein Minimum zu reduzieren, muß das Holz unter kontrollierten Bedingungen getrocknet werden.

Handelshölzer werden in Trockenkammern getrocknet. Bei diesem Vorgang wird die Holzfeuchte unter hohen Temperaturen entfernt. Die Methode ist schnell und wirksam, kann aber zu einer Verhärtung der Außenseiten des Holzes führen.

Da man als Privatperson nur selten über einen Kammerofen verfügen wird, ist man meist auf die natürliche Trocknung des Holzes angewiesen. Diese Methode ist weniger kostenträchtig und kann bei sorgfältiger Überwachung zu ausgezeichneten Ergebnissen führen.

Holz, das luftgetrocknet werden soll, muß vor Witterungseinflüssen geschützt gestapelt werden. Frisch eingeschlagenes Holz muß vor der Verwendung getrocknet werden. Vor dem Trocknen sollten Sie jeden Stammabschnitt längs in mindestens zwei Scheite spalten. Je mehr Scheite Sie so herstellen, desto schneller geht die Trocknung vor sich, allerdings sind die Rohlinge natürlich auch kleiner. Entfernen Sie von jedem Scheit die innenliegende Markröhre und die Rinde.

Die Feuchtigkeit kann das Holz durch das Hirnholz schneller verlassen als durch das Längsholz. Wenn Sie das Hirnholz anstreichen oder mit Wachs überziehen, wird dieser Unterschied etwas ausgeglichen, und die Gefahr des Reißens verringert sich. Beim Trocknen verliert das Holz an Gewicht. Durch Wiegen läßt sich deshalb das Fortschreiten des Vorganges kontrollieren.

Legen Sie zwischen die einzelnen Holzlagen dünne Holzstücke (sogenannte Stapelleisten), damit die Luft frei zwischen dem Holz zirkulieren kann. Wenden Sie das Holz beim Trocknen regelmäßig. Die Luftzirkulation ist selten vollkommen gleichmäßig, durch das Wenden wird das Holz gleichmäßiger getrocknet, und Spannungen werden eher ausgeglichen.

Fundholz

Wenn man die Augen offenhält, kann man überall interessantes Holz finden. Schon ein kurzer Waldspaziergang beschert einem unter Umständen großartige Funde. Achten Sie darauf, keine Holzschädlinge einzuschleppen, die ein Holzstück schnell wertlos machen oder sogar Ihren heimischen Holzvorrat befallen können. Treibholz aus dem Meer ist oft überraschend sauber, enthält aber meist viele feine Schleifstoffe, die detailliertes Arbeiten schwierig machen.

Paletten, Bauholz und Verpackungsholz sind Glückssache. Paletten bekommt man oft geschenkt, aber das Holz ist meist in einem sehr schlechten Zustand und enthält zudem oft Sand oder Split. Ab und zu kann man jedoch schöne Funde machen. Ich bin auf diese Weise sogar einmal zu Mahagoni gekommen.

Eine sicher etwas ungewöhnliche Quelle für mich sind Kampfsportschulen. Diese verbrauchen erstaunliche Mengen an gutem Holz, von dem das meiste im Abfall landet. Ich war in der glücklichen Lage, Bekannte in einer Schule zu haben, die mich mit ganzen Fuhren an Kiefernholz in unterschiedlicher Stärke versorgten. Am besten ist es, vor einem Wettkampf nachzufragen.

Das Werkzeug – eine Einführung

Abbildung 1 – **Schleifstöcke** lassen sich leicht und preiswert herstellen. Hier sind zwei Typen abgebildet. Der obere ist ein einfacher Schleifstock, der untere ein geschlitzter Stock, der etwas an einen Fid erinnert, wie ihn Segelmacher verwenden. Ein Schleifstock kann mit Schleifpapier in verschiedenen Körnungen versehen werden. Der Schleif-Fid ermöglicht es, je nach Bedarf das Schleifpapier zu wechseln.
Schleifen ist eine sehr sichere Methode, Holz zu formen. Man arbeitet nicht mit scharfen Werkzeugen, die Verletzungsgefahr ist deshalb recht gering.

Abbildung 2 – Aus einem Stück Restholz und einem Streifen Schleifband läßt sich ein preiswerter **Schleifbogen** herstellen.

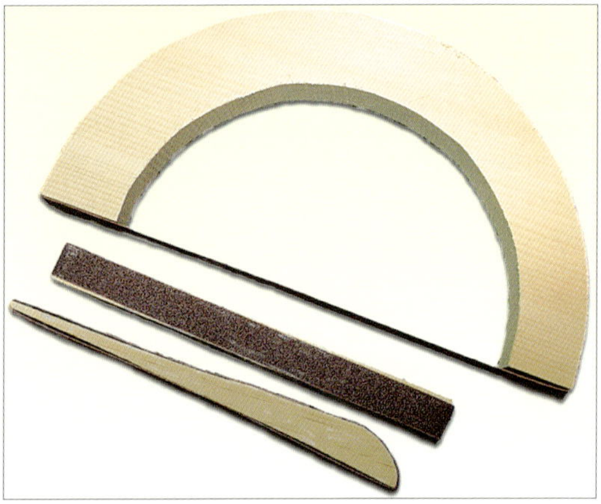

Abbildung 3 – Mit **Raspeln** läßt sich schnell viel Holz abtragen. Holzraspeln der Marke Microplane® sind eine moderne Alternative zur altbewährten Raspel. Sie tragen sehr viel Holz ab, und man kann durch Veränderungen im Arbeitswinkel die Feinheit der Oberfläche beeinflussen. Nadelfeilen eignen sich besonders für feine Arbeiten.

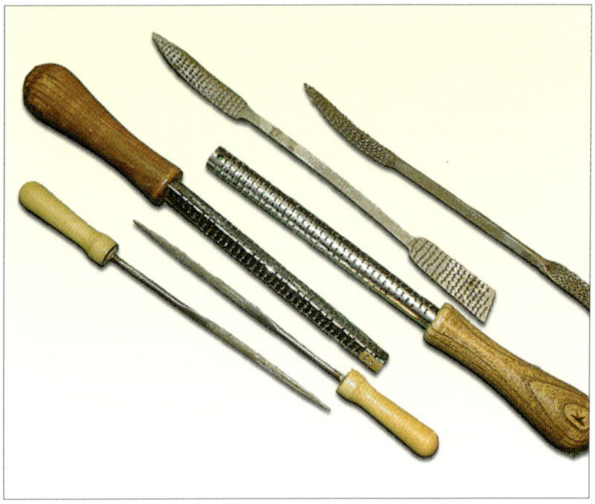

Abbildung 4 – Im engen Wortsinn ist das **Punktieren** keine schnitzende Holzbearbeitung. Punktiereisen sind jedoch eine sichere und effektive Art, auch sehr junge Kinder an das Gestalten von Holz heranzuführen. In der unteren Abbildung sehen Sie ein Punktiereisen, mit dem Hintergründe abgedunkelt werden können, und ein Spitzeisen, mit dem man in engen Winkeln Holz abtragen kann.

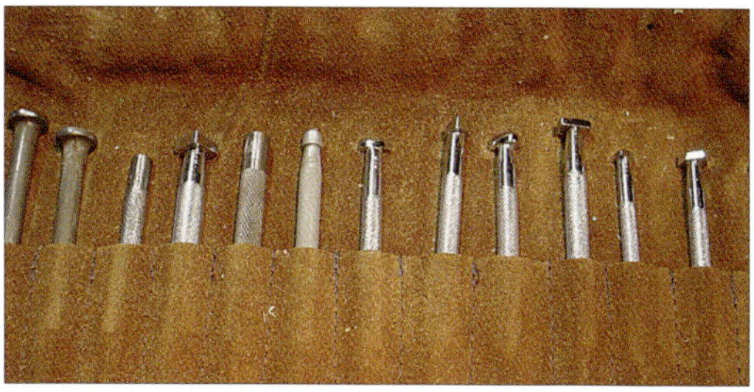

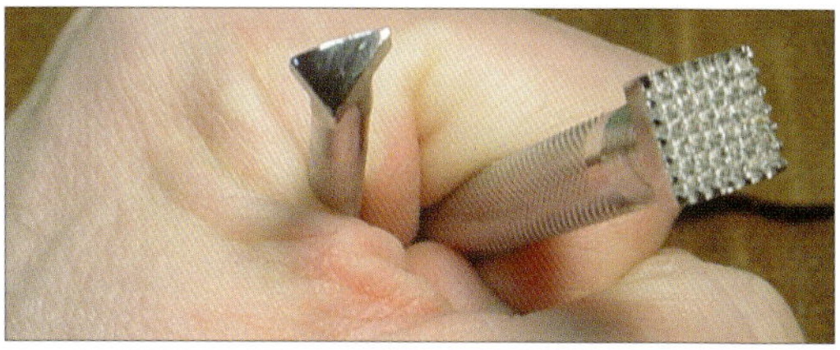

Abbildung 5 – Das **Schnitzmesser** (oben) wird von den meisten Schnitzern als Hauptwerkzeug verwendet. Die Schneide ist gerade und nur einseitig angeschliffen. Alleine mit diesem einen Werkzeug kann man aus einem Rohling eine fertige Schnitzerei fertigen. Das darunter abgebildete Taschenmesser ist sehr praktisch und kann stets zur Hand sein. Beim Schnitzen muß man jedoch bedenken, daß es eine Klappklinge hat. Falls die Klinge sich beim Schnitzen einklappt, besteht Verletzungsgefahr.

Abbildung 6 – **Holzschnitt-** und **Blockschnittmesser** zeichnen sich durch ihre pilzförmigen Griffenden aus. Sie eignen sich sehr gut für leichtere Werkstücke, bei denen man den Rohling mit der einen Hand hält und das Messer in der anderen. In einem kleinen Werkzeugkasten lassen sich leicht ein Dutzend verschiedene Modelle unterbringen. Holzschnittmesser sollten nicht mit dem Hammer oder Klüpfel geschlagen werden.

Abbildung 7 – Ein Schnitzeisen des englischen Werkzeugmachers **S. J. Addis**. Es entstand vermutlich Mitte oder Ende des 19. Jahrhunderts. Solche Werkzeuge können entweder mit der Hand getrieben oder mit dem Klüpfel geschlagen werden. Ein Bildhauer- oder Schnitzerklüpfel unterscheidet sich sowohl von einem Hammer als auch vom Schreinerklüpfel. Der konische verjüngte runde Kopf ist besonders für das Schlagen von Schnitzeisen entworfen. Durch die Verjüngung ist stets der richtige Aufschlagwinkel gewährleistet. Der Kopf ist rund, damit man das Eisen immer mit einer möglichst großen Fläche trifft.

Abbildung 8 – Hier sieht man einen **Schleifstein**, einen **Streichriemen** und **Schärfpaste**. Über das Schärfen von Werkzeug kann man ein eigenes Buch schreiben. Die Grundlagen lassen sich folgendermaßen zusammenfassen: Befeuchten Sie den Schleifstein. Legen Sie die Schneide so auf den Stein, daß die Fase flach aufliegt. Reiben Sie das Metall solange über den Stein, bis ein kleiner Grat entstanden ist. Wenden Sie das Messer, und wiederholen Sie den Vorgang auf der anderen Seite.

Ziehen Sie das Messer auf einem Streichriemen ab, um den Grat zu entfernen. Geben Sie dazu etwas von der Schärfpaste auf das Leder des Streichriemens. Das Messer wird auf dem Streichriemen mit ziehenden Bewegungen abgezogen. Dabei wird die Schneide weiter geschärft und poliert, und schließlich fällt der Grat ab. Ziehen Sie Ihr Werkzeug auf diese Weise immer wieder zwischendurch ab. Mit dem Schleifstein muß Werkzeug nur dann geschärft werden, wenn die Schneide beschädigt ist oder wenn das Abziehen nicht mehr zu einem zufriedenstellenden Ergebnis führt.

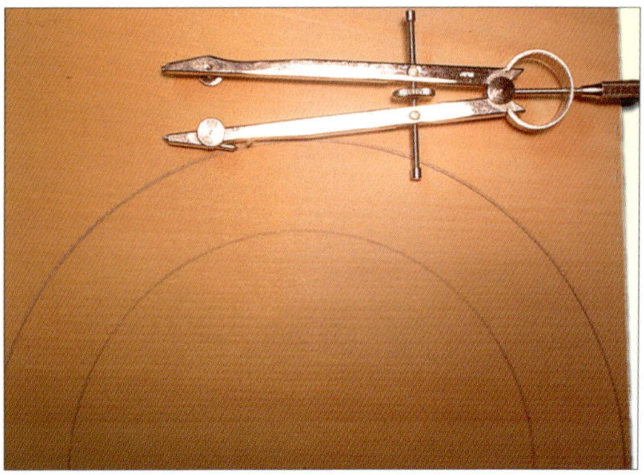

Abbildung 9 – Einen **Schleifbogen** können Sie käuflich erwerben, er läßt sich aber auch aus etwas Restholz (20 mm x 200 mm x 150 mm) und einem Stück Schleifband selbst herstellen. Reißen Sie mit dem Zirkel einen Kreisbogen von Ecke zu Ecke an, wie das auf dem Foto zu erkennen ist. Reißen Sie innerhalb des ersten Kreisbogens einen zweiten an, der etwa 25 mm kleiner ist.

Abbildung 10 – **Schneiden Sie den Bogen aus,** mit einer Band-, Laub- oder Dekupiersäge/Feinschnittsäge.

Abbildung 11 – Befestigen Sie das **Schleifband** mit **Heftzwecken** am Schleifbogen. Bereiten Sie Schleifband in verschiedenen Körnungen für den Schleifbogen vor. Unterhalb des fertigen Schleifbogens sieht man Schleifstöcke, die sich auch leicht selbst herstellen lassen.

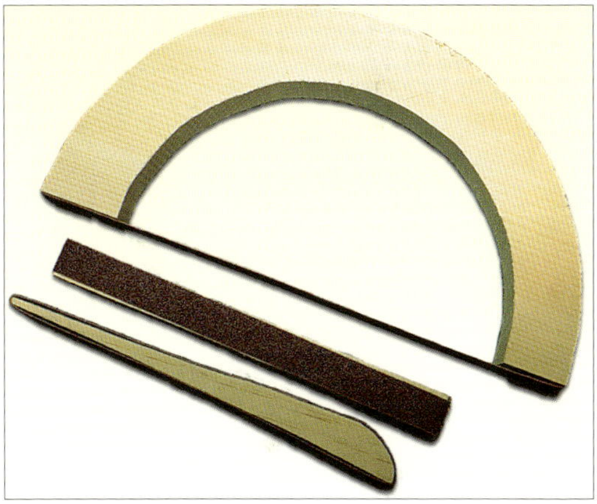

Abbildung 12 – **Reißen** Sie ein 200 mm langes Stück an einem Stab (20 mm x 20 mm) an. Zeichnen Sie eine diagonale Linie von einer Ecke zur anderen.

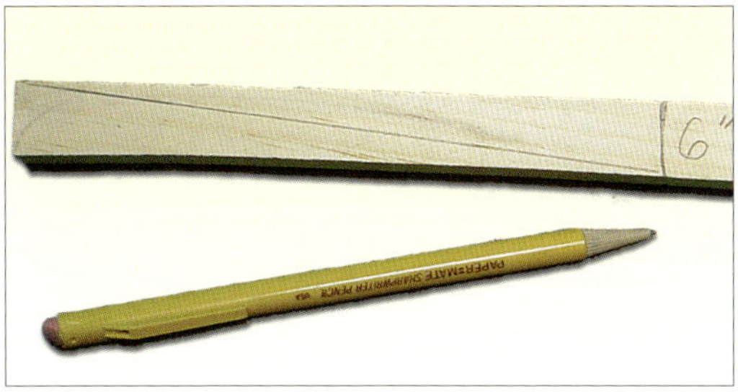

Abbildung 13 – **Sägen Sie entlang der Linie**, um zwei Schleifstöcke zu erhalten. Messen Sie entsprechende Stücke Schleifband ab, indem Sie sie ganz um den Schleifstock herum legen. Das Schleifband kann mit Tischlerleim befestigt werden. Mit groben Körnungen läßt sich recht schnell Holz entfernen.

Werkzeuge herstellen

Abbildung 14 – Hier sehen Sie einen **Schleif-Fid** ohne das Schleifpapier. Ein einfacher, mit einem Schlitz versehener Rundstab erfüllt den Zweck durchaus, dieses Exemplar habe ich jedoch gedrechselt.

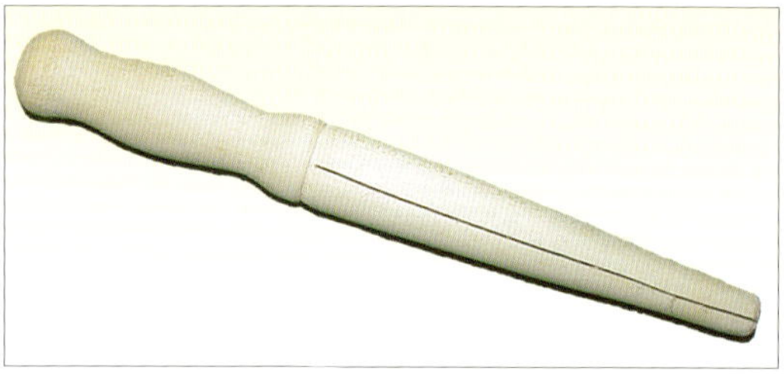

Abbildung 15 – Ein auf die Größe des Fids zugeschnittenes Stück **Schleifpapier** wird um den Fid gelegt. Die Enden werden in den Schlitz gesteckt. Das Schleifpapier sollte eng anliegen. Falls der Fid konisch zuläuft, kann man das Schleifpapier am Fid hinabziehen, es wird dann durch die Reibung an Ort und Stelle gehalten. Ein Schleifbogen, Schleifstock und Schleif-Fid stellen ein sehr vielseitiges und sicheres Werkzeugsortiment dar.

Abbildung 16 – **Punktiereisen** erhält man beim Fachhandel für Lederbearbeitung. Auf der linken Seite sieht man ein poliertes Spitzeisen, rechts einen Stahlnagel, den ich abgeschnitten, zugeschliffen und poliert habe. Beim Zuschleifen der Eisen sollten Sie den Rohling häufig in kaltes Wasser tauchen, um ihn abzukühlen. Wenn der Stahl zu heiß wird, leidet seine Haltbarkeit.

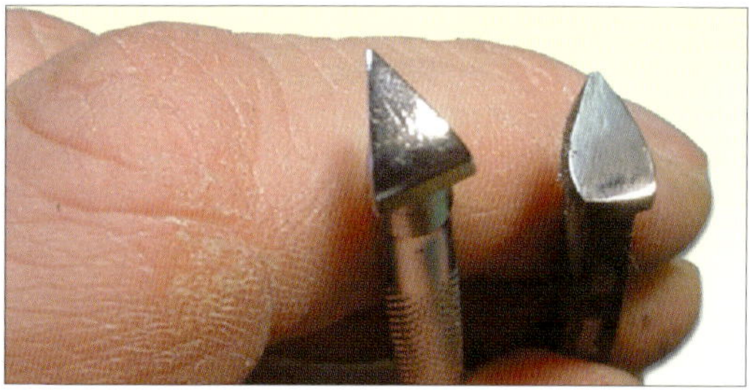

Abbildung 17 – Auf der linken Seite sieht man ein Eisen mit **rechteckigem, glattem Kopf**. Rechts ist ein grob vorgeschliffener Rohling aus einem Stahlnagel zu sehen, der noch poliert werden muß. Es dauert etwa zwanzig Minuten, aus einem Stahlnagel ein Punktiereisen herzustellen. Vergessen Sie nicht, die Spitze des Nagels flach zu schleifen.

Abbildung 18 – Um ein **Eisen mit Punktmuster** herzustellen, verwenden Sie einen Nagel mit großem Kopf. Er sollte etwa 5 mm Durchmesser haben. Feilen Sie ein Reihe von parallelen Linien in den Nagelkopf.
Die Linien sollten dicht beieinander liegen und sehr gleichmäßig angeordnet sein. Die Linien auf der Abbildung liegen etwas weit auseinander. Die Spitzen der Linien sollten sich gerade berühren.

Abbildung 19 – **Feilen** Sie nun einige Linien im rechten Winkel zu den ersten, und das Punktiereisen ist fertig.

Eine kurze Einführung in das Schnitzen

Am besten läßt sich das Schnitzen lehren, indem man den Schülern Aststücke oder kleine Vierkantleisten (25 mm × 25 mm) gibt, an denen sie die Schnitte üben können, ohne ein bestimmtes Ziel vor Augen zu haben. Meist ist der Druck, etwas »fertig zu bekommen«, für die Schüler viel zu groß. Dann stellt man plötzlich fest, wie wichtig Heftpflaster in der Werkstatt sind. Mit den Grundlagen macht man sich vertraut, indem man einfach einen Stock und ein Schnitzmesser zur Hand nimmt.

Bei kleineren Schnitzarbeiten gibt es drei grundlegende Schnitte: den schälenden Schnitt, den hebelnden Schnitt und den Führungsschnitt.

Abbildung 20 – **Der schälende Schnitt**. Das Verfahren erinnert an das Schälen einer Kartoffel. Halten Sie das Holz in einer Hand und das Messer in der anderen. Stemmen Sie den Daumen der messerführenden Hand gegen die Schnitzerei, jedoch nicht an einer Stelle, an der die Klinge aufkommen würde, falls sie abrutscht. Sie rutscht nämlich irgendwann sicher ab. Schälen Sie einen dünnen Holzspan ab, indem Sie die Hand schließen und das Messer mit der Holzfaser zu sich hinziehen. Wenn Sie in die Faser schneiden, bleibt das Messer stecken, oder Sie entfernen mehr Holz, als Sie wollten.

Abbildung 21 – **Der Führungsschnitt.** In Verbindung mit einem der beiden anderen Schnitten leistet dieser Schnitt die eigentliche Arbeit. Halten Sie das Holz in einer Hand und das Messer in der anderen. Stemmen Sie den Daumen der messerführenden Hand gegen die Schnitzerei. Bringen Sie mit der Messerspitze einen kontrollierten Schnitt im Holz an. Sie entfernen auf diese Weise kein Holz, Sie legen lediglich eine Begrenzungslinie fest. Mit einem schälenden oder hebelnden Schnitt entfernen Sie dann das Holz bis zu dem Führungsschnitt.

Abbildung 22 – Das Ergebnis ist eine schöne, **saubere Kerbe** im Holz.

Abbildung 23 – Der **hebelnde Schnitt** ist Mamas Lieblingsschnitt. Halten Sie das Holz in einer Hand und das Messer in der anderen. Stemmen Sie den Daumen der messerführenden Hand gegen die Schnitzerei, jedoch nicht an einer Stelle, an der die Klinge aufkommen würde, falls sie abrutscht. Sie rutscht nämlich irgendwann sicher ab. Schälen Sie einen dünnen Span vom Holz ab. Schneiden Sie mit der Faser, und drehen Sie Ihr Handgelenk nach außen, wobei der Daumen den Hebelpunkt und die Messerkante den Hebel darstellt. Mit diesem Schnitt sieht man gelegentlich im Film ältere Männer einen Stock schnitzen.

Abbildung 24 – **Wiederholen Sie den Führungsschnitt**: Das Ergebnis ist eine schöne, saubere Kerbe im Holz.

Ein Pilz

Meine erste Schnitzerei war ein Pilz. Der Pilz eignet sich als erstes Werk, weil man an ihm die drei grundlegenden Schnitte üben und mit der Faser zu schneiden lernen kann. Schneiden Sie als Rohling ein Stück Lindenholz mit den Maßen 25 mm x 25 mm x 50 mm.

Reißen Sie etwa 8 mm von der Unterseite auf allen Seiten eine Linie an. Schneiden Sie mit der Bandsäge etwa 5 mm tief an der Linie ein. Reißen Sie etwa 12 mm unterhalb des oberen Endes eine Linie rund um den Rohling an. Dies ist die Unterkante der Kappe.

Abbildung 25 – **Runden Sie die Kappe des Pilzes** mit schälenden Schnitten ab. Schneiden Sie nicht über die Linie hinab.

Abbildung 26 – Legen Sie die **Unterseite der Kappe** mit einem Führungsschnitt fest, und machen Sie dann schälende Schnitte bis zum Führungsschnitt. Als unterer Führungsschnitt dient der Schnitt, den Sie mit der Bandsäge gemacht haben. Schneiden Sie mit schälenden Schnitten bis dorthin.

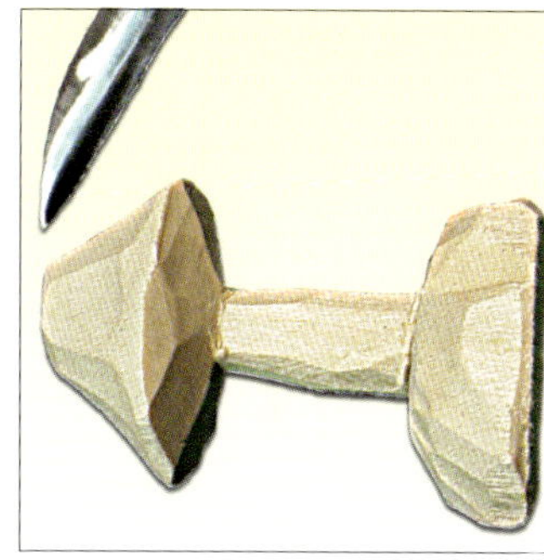

Abbildung 27 – **Wiederholen** Sie den Vorgang, bis der Stiel geformt ist. Geben Sie dem Fuß mit einigen schälenden Schnitten eine ansprechende Form.

Ein Ei

Ein Ei zu schnitzen ist eine weitere leichte, aber gute Übung. Als Rohling dient ein Holzstück mit den Maßen 25 mm x 25 mm x 20 mm. Zeichnen Sie eine Eiform auf eine Seite. Beginnen Sie, indem Sie eine der Ecken mit schälenden Schnitten abrunden. Bearbeiten Sie dann die anderen drei Ecken. Achten Sie darauf, daß die Eiform erhalten bleibt.

Abbildung 28 – Das Holz **umdrehen** und auf der anderen Seite die gleiche Eiform zeichnen.

Abbildung 29 – **Entfernen** Sie nun die Ecken an dieser Seite.

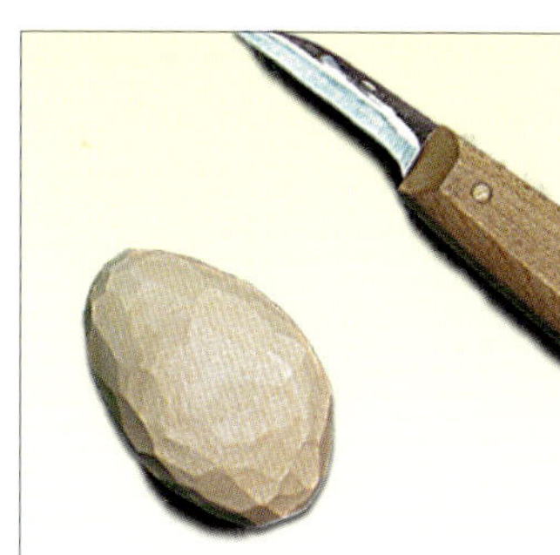

Abbildung 30 – Als Abschluß muß das Ei nur noch **abgerundet** werden.

Eine Pyramide

Mit dieser Übung wird das Verständnis für perspektivische Darstellung geschult.

Abbildung 31 – Benutzen Sie das Foto als Vorlage, um eine **dreidimensionale** Zeichnung einer Pyramide auf einem Stück Kiefernholz anzufertigen.

Abbildung 32 – **Sägen Sie die Pyramide aus.** Um eine perspektivische Darstellung zu erreichen, muß sich die Pyramide nach oben verjüngen. Die untere Kante sollte am stärksten sein, die Spitze am dünnsten. Zeichnen Sie an der Seite eine Hilfslinie an.

Abbildung 33 – Schneiden Sie **vorsichtig** von unten zur Spitze hin.

Abbildung 34 – Ziehen Sie die **Trennlinie** zur halbverdeckten Pyramidenseite nach.

Abbildung 35 – Entfernen Sie mit einem **angewinkelten** Schnitt das Holz. Der Faserverlauf kann in beide Richtungen gehen, stellen Sie ihn zuerst mit einem kleinen Probeschnitt fest.

Abbildung 36 – **Die fertige Pyramide** sollte so aussehen wie jene auf dem Foto.

Kerbschnitzen

Das Kerbschnitzen ist eine sehr schöne Art, Dekorartikel aus unbehandeltem Nadelholz zu verzieren, so wie man Sie in Bastelläden bekommt. Um sich mit der Technik vertraut zu machen, reißen Sie auf einem Stab (20 mm x 20 mm) alle 12 mm einen Strich an.

Abbildung 37 – Auf der **gegenüberliegenden Seite** werden, wie auf dem Foto zu sehen, mittig zwischen den ersten Markierungen weitere Striche eingezeichnet.

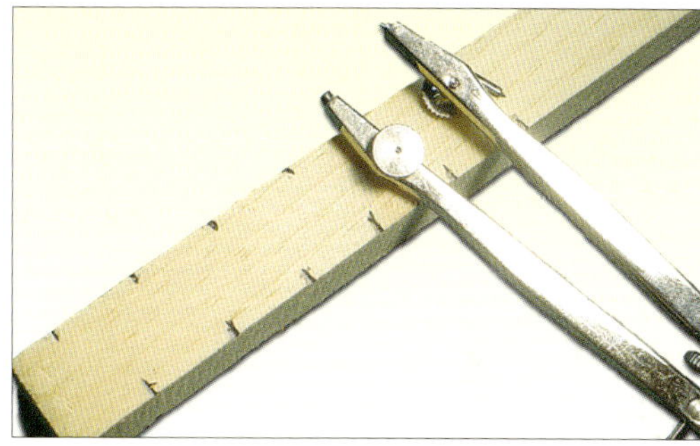

Abbildung 38 – Wenn Sie die Striche miteinander **verbinden**, entstehen Dreiecke. Zeichnen Sie in jedes Dreieck jeweils drei kleinere Dreiecke.

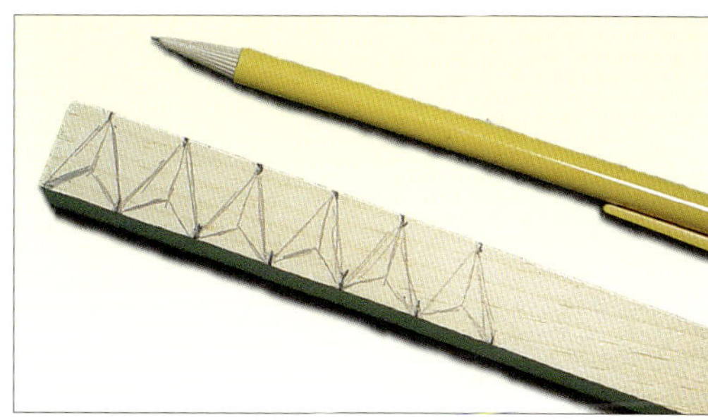

Abbildung 39 – **Beginnen Sie mit dem Schnitzen**, indem Sie mit der Messerspitze an einer der Linien ins Holz schneiden. Dieser Führungsschnitt sollte in der Mitte am tiefsten sein und zu beiden Seiten hin flacher werden.

Abbildung 40 – Führen Sie den **zweiten Führungsschnitt** auf die gleiche Weise aus.

Abbildung 41 – Schneiden Sie mit der **Messerspitze** von einer der Ecken zur anderen Linie hin. Die Messerklinge sollte dabei parallel zum Führungsschnitt geführt werden, mit dem das Dreieck beendet wird.

Abbildung 42 – Dadurch entsteht eine **dreieckige Vertiefung**. Schnitzen Sie eine Reihe dieser Vertiefungen entlang der unteren Kante des Stabes.

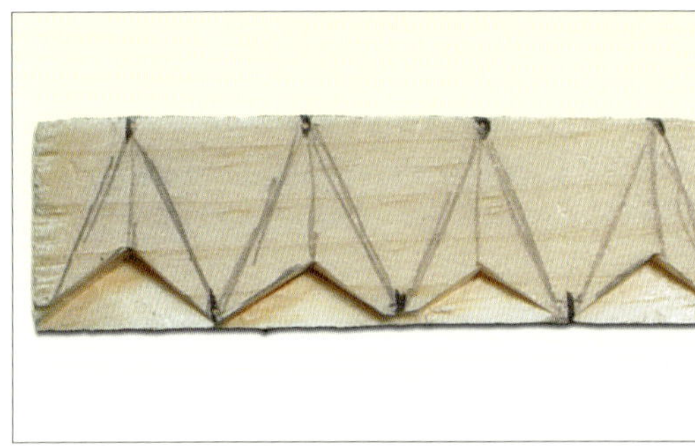

Abbildung 43 – Aus drei zusammengefügten solchen Vertiefungen entsteht eine **umgekehrte Pyramide**. Schnitzen Sie entlang des Stabes solche pyramidenförmigen Vertiefungen.

Abbildung 44 – Einen interessanten Effekt erreichen Sie, wenn Sie an der **oberen Kante des Stabes** den Vorgang wiederholen.

Die Vorbereitungen

In den nächsten drei Kapiteln werden verschiedene Schnitzereien für Kinder unterschiedlicher Altersstufen vorgestellt. Die Arbeiten sind sehr viel leichter auszuführen, wenn man sich die Zeit nimmt, einige Vorbereitungen zu treffen.

Stellen Sie eine Kiste oder einen Kasten bereit, in dem Material und Werkzeug zwischen den einzelnen Sitzungen aufbewahrt werden können. Kunststoffkästen sind durchaus geeignet, ich finde jedoch Pappschachtel oder Schuhkartons vollkommen ausreichend. Kleinteilemagazine oder Angelkoffer sind in verschiedenen Größen zu erhalten und funktionieren auch recht gut.

Legen Sie alles Notwendige vorher zurecht, und lagern Sie es in dem Kasten. Die Wahrscheinlichkeit, daß Kinder etwas verlieren, ist sehr viel geringer, wenn jedes Kind seinen eigenen Kasten hat.

Haben Sie Zeit, entsprechende Illustrationen als Begleitmaterial vorzubereiten, kann das sehr nützlich sein. Auch Modelle der einzelnen Arbeitsstufen sind hilfreich. So können Sie zum Beispiel für die Pilz-Schnitzerei ein teilweise fertiggestelltes Exemplar für jede der Abbildungen anfertigen. Ihre Schüler können sich diese Modelle nicht nur ansehen, sondern auch anfassen und von allen Seiten begutachten. Auch Fotografien der Gegenstände, die als Schnitzerei nachgebildet werden sollen, sind gut.

Holzarbeiten mit behinderten Kindern

Laut statistischem Bundesamt gibt es in Deutschland ca. 4,5 Millionen Menschen mit einer schweren körperlichen Behinderung. Dazu kommen noch 2,1 Millionen mit geistigen und seelischen Behinderungen.

Wie andere Kinder auch, möchten körperbehinderte Kinder Selbstbewußtsein entwickeln können. Sie müssen auf eine Art unterrichtet werden, die ihre Würde achtet und ihnen Selbstvertrauen gibt. Die meisten Kinder sind in der Lage, das eine oder andere der Werkstücke in diesem Buch herzustellen. Der ehemalige Vorsitzende der *New England Wood Carvers*, M. Paul Ward, hat behinderte Kinder in die Kunst des Holzschnitzens eingeführt, indem er sie mit Punktiereisen hat arbeiten lassen, ganz ähnlich, wie es in diesem Buch beschrieben wird.

Solche Kinder sollten nicht ausgeschlossen werden, bloß weil ihre Fähigkeiten anders ausgebildet sind. Ich habe selbst zwei behinderte Kinder und zwei behinderte Cousins, und viele meiner Freunde haben Kinder mit unterschiedlichen Behinderungen. Denken Sie nur an Dr. Stephen Hawking. Er kann weder sprechen noch gehen. Er braucht bei den einfachsten Alltagsaufgaben Hilfe. Aber sein Geist umfaßt das ganze Universum, und er ist in der Lage, seine Gedanken in einer so verständlichen Sprache mitzuteilen, daß sie auch der Mann auf der Straße versteht. Man hat die Vermutung geäußert, daß Michelangelo autistisch war. Die Liste von behinderten, aber kreativen Menschen ist schier endlos.

Vielleicht kann man diesen Kindern durch das Schnitzen von Holz nicht zu größerer Selbständigkeit verhelfen. Aber es kann ihnen helfen, ihr Selbstvertrauen zu entwickeln. Wenn man einem Menschen dabei hilft, Selbstvertrauen zu entwikkeln, dabei seine persönliche Würde achtet, und ihm dann auch noch zum erstenmal zeigt, wie er selbst etwas herstellen kann, dann hilft man einem solchen Menschen auch, seine persönliche Unabhängigkeit ein Stück zu vergrößern.

Jedes Kind, aber besonders jedes behinderte Kind, braucht eine Möglichkeit, seine Kreativität auszuleben. Wie bei der Arbeit mit jedem Kind sollten Sie versuchen, die Eigenmotivation des behinderten Kindes in den Schaffensprozeß einzubeziehen. Falls das Kind sich für Fußball interessiert, könnten Sie es zum Beispiel einen Fußball anstelle einer Blume schnitzen lassen. Der Unterricht wird sicher am besten sein, wenn er auf die Bedürfnisse der Kinder eingeht, anstatt ihnen einen vorgefertigten Lehrplan aufzuzwingen.

Wie alle Kinder lernen auch behinderte Kinder auf jeweils unterschiedliche Weise. Manche solcher Kinder sind mit einer schnellen Auffassung begabt, ihr Lernverhalten macht es ihnen jedoch in unserer Kultur schwer, Wissen aufzunehmen. Wenn Sie eine Methode finden, solch ein Kind zu unterrichten, eröffnen sich unendlich viele Möglichkeiten. Bei manchen Kindern macht es die Behinderung notwendig, daß Sie in den Arbeitsprozeß gewisse Erleichterungen einarbeiten. Scheuen Sie davor nicht zurück, achten Sie jedoch darauf, daß Sie die Würde des Kindes dadurch nicht in Frage stellen.

Erstes Kapitel: Die Jüngsten (3 bis 8 Jahre)

Mein jüngster Sohn Marc, damals etwa sechs Jahre alt, kam eines Tages mit in den Supermarkt, um Einkäufe zu machen. Als er in einer Gefriertruhe ein Paket mit Teig für Gebäck entdeckte, bat er mich mit herzerweichendem Dackelblick, den Teig zu kaufen und ihm Kekse zu backen.

»Klar. Ich kauf den Teig. Aber die Kekse backst du.«

»Aber ich bin doch noch ein Kind!«

»Wenn du Kekse willst, mußt du sie auch backen.«

Er war ziemlich skeptisch, aber gleich nach dem Einkaufen fuhren wir nach Hause und fingen sofort mit den Keksen an. Es ging ganz einfach: den Teig aus der Pakkung nehmen, die vorbereiteten Teigbällchen auf ein Stück Backpapier legen und das ganze in den Ofen schieben. Aber das war es nicht, worum es wirklich ging. Nach einer halben Stunde hatte er selbständig Kekse gebacken. Eine Leistung, die er selbst für unmöglich gehalten hätte. Kekse kommen aus einer Packung. Sie werden nicht von kleinen Jungen gemacht.

Später an dem Abend kamen die anderen Familienmitglieder nach Hause und wurden von ihm an der Tür mit »seinen Keksen« begrüßt.
Ein Ereignis wie dies, wenn jemand wie Marc entdeckt, daß er Dinge, die nur in der eigenen Phantasie existieren, auch wahr werden lassen kann, ist außerordentlich anregend. Die Phantasie ist das mächtigste Werkzeug, über das der Mensch verfügt. Die Pyramiden nahmen ihren Anfang als Idee im Kopf eines einzelnen Menschen.

Für die Arbeiten in diesem Abschnitt habe ich mich an einige Grundsätze gehalten. Zum einen sollte die Arbeit in einer Sitzung zu beenden sein. Hätte ich versucht, Marc bei der Stange zu halten, während er Mehl sieben, Eier aufschlagen, den Teig kneten, Schokolade hinzufügen und den Rest machen mußte, hätte er vermutlich schnell das Interesse verloren. Und ich hätte die Kekse selbst backen müssen.

Die Schnitzereien sollten einen persönlichen Bezug haben. In dem Alter, in dem Kinder das Lesen und Schreiben lernen, haben ihre eigenen Namen noch eine ganz besondere Bedeutung für sie. Den eigenen Namen auf einem Stück Papier zu schreiben ist ein großer Schritt; ihn in einer Schnitzerei festzuhalten, hat einen noch stärkeren Effekt.

Das Unterrichten von Kindern dieser Altersgruppe

Kinder von vier bis acht Jahren stellen einen als Lehrer vor eine interessante Aufgabe. Ihre kleinen Hände und die Tatsache, daß sich die Feinmotorik noch in der Entwicklung befindet, schließen Werkzeuge mit scharfen Schneiden aus. Sie sind ungeduldig und leicht abzulenken. Ich habe festgestellt, daß 20 Minuten die obere Grenze ihrer Aufnahmefähigkeit ist. Richten Sie sich also mit Ihren Plänen darauf ein.

Manchmal kann das Vorbild eines Älteren hilfreich sein. Lassen Sie ein älteres Kind mitmachen, und zeigen Sie beiden Kindern die Arbeitsweise. Das jüngere Kind kann sich am Vorgehen des älteren orientieren. Allerdings kann das ältere Kind auch ablenkend wirken.

Lernstile und -techniken

Kinder lernen auf unterschiedliche Weise. Stellen Sie sich darauf ein, auch unterschiedliche Techniken auszuprobieren.

Es gibt viel Material zu den unterschiedlichen Lernstilen. Für die Zwecke dieses Buches möchte ich jedoch nur vier erörtern:

Kinder, die durch das Handeln lernen

Kinder, die durch das Nachahmen einer anderen Person lernen

Kinder, die durch das Zusehen lernen

Kinder, die durch das Zuhören lernen

Bei manchen Kindern wird man deutlich feststellen, daß sie einen Stil bevorzugen. Bei anderen mag das schwerer fallen, bei wieder anderen entwickelt sich der persönliche Lernstil vielleicht erst noch. Bei einem Kind, das durch Handeln lernt, ist es vielleicht am besten, einfach mit der Arbeit anzufangen. Ein Kind, das durch Nachahmen lernt, kann vielleicht am meisten davon profitieren, wenn es Ihnen bei der Arbeit an Ihrer eigenen Schnitzerei zusieht. Bei Kindern, die vor allem optisch oder akustisch lernen, ist es gut, mit ihnen zusammen die Anleitung für eine Schnitzerei durchzulesen.

Sicherheit und Beaufsichtigung

Jüngere Kinder im Alter von vier bis sechs Jahren brauchen eine Umgebung mit möglichst wenig Ablenkung. Man muß sie auch genauer beaufsichtigen. Gelegentlich muß man als Lehrer bei der Arbeit mit den eigenen Händen die Hände des Kindes führen. Manche Kinder im Alter von sieben oder acht Jahren können dagegen schon eher nach Anweisungen arbeiten und müssen nicht so genau beaufsichtigt werden.

Pro Schüler sollte ein Unterrichtender tätig sein. Kinder in diesem Alter sprechen besser auf Einzelunterricht an.

Bei der Arbeit mit dem Hammer sind Sicherheitsbrillen unverzichtbar. Um die Rohlinge zu fixieren, sind Anti-Rutsch-Matten gut geeignet, wie sie zum Auslegen von Schrankfächern verwendet werden.

Werkzeug

Die Werkzeuge, die man für Arbeiten dieser Art braucht, sind nicht sehr aufwendig: ein Kunststoff-Hammer und einige Punktiereisen, wie sie für Lederarbeiten verwendet werden. Das Schraffureisen und ein glattes Eisen sind schon vollkommen ausreichend. Als Ersatz lassen sich die Eisen auch schnell aus Stahlnägeln herstellen. Mit etwas Sorgfalt und einer Dreiecksfeile kann man Eisen herstellen, die genauso gut sind wie gekaufte. Das glatte Eisen stellt man her, indem man den Kopf eines Nagels poliert und die Ecken ein wenig abrundet.
Kiefernholz (Weymouths-Kiefer zum Beispiel) ist ein gutes Holz für Anfänger.

Poliertes glattes Eisen

Poliertes Spitzeisen

Schraffureisen

Flachklingenschraubendreher

Kreuzschlitzschraubendreher

Der Arbeitsplatz

Die Werkstatt ist vielleicht nicht der beste Arbeitsplatz für Kinder in diesem Alter. Die hier vorgestellten Arbeiten machen nicht viel Schmutz, sie können im Grunde fast überall geschnitzt werden, wo ein Tisch und ein Stuhl mit geeigneter Höhe zur Verfügung stehen.

Falls es keine andere Möglichkeit als die Werkstatt gibt, sollten Sie sicherstellen, daß alle Elektromaschinen abgestellt und alle Handwerkzeuge sicher aufbewahrt sind – am besten außer Sichtweite.

Das erste Werkstück: Ein Namensschild

Der Name eines Kindes wirkt sehr stark. Sein Name gehört zu den ersten Worten, die es zu sprechen lernt. Meist ist der Name sogar das erste Wort, das es lesen und schreiben kann.

Bereiten Sie ein Brett mit den Maßen 100 mm × 75 mm × 10 mm vor. Das Brett sollte glatt gehobelt oder geschliffen sein. Die Kanten und Ecken werden gebrochen. Sie können auch mit der Handoberfräse gerundet werden, das ist aber nicht unbedingt notwendig. Vergessen Sie nicht, auf der Rückseite ein 10-mm-Loch als Aufhängung zu bohren.

Bitten Sie das Kind, seinen Namen in großen Lettern auf das Brett zu schreiben. Legen Sie nicht zuviel Wert auf perfekt geschriebene Buchstaben oder auf einheitliche Groß- oder Kleinschreibung. Das Ziel ist es, den Namen des Kindes in seiner eigenen Handschrift festzuhalten, so wie sie zu einem bestimmten Zeitpunkt aussieht.

Falls der Name des Kindes sehr lang ist, kann man auch auf einen Spitznamen oder den Familiennamen ausweichen.

Abbildung 45 – **Geben Sie dem Kind** einen großen Schraubendreher. Helfen Sie ihm, den Schraubendreher auf die Linien aufzusetzen und sie etwa einen Millimeter in das Holz einzudrükken. Kinder wollen meist sehr viel tiefer eindrükken, aber das Schild sieht besser aus, wenn man die Linien nur so tief macht.

Abbildung 46 – Die Linien der fertigen Buchstaben sollten alle **einheitlich tief** sein. Das fertige Schild kann mit einem schützenden, matten oder seidenmatten Klarlack auf Polyurethanbasis überzogen werden. Lacke auf Wasserbasis eignen sich für punktierte Werkstücke nicht so gut. Das Wasser läßt die Holzfasern anschwellen, was zu undeutlichen oder sogar verschwindenden Linien führen kann.

Das zweite Werkstück: Eine Hand

Bereiten Sie ein Brett mit den Maßen 200 mm x 200 mm x 10 mm vor. Es sollte glatt geschliffen werden. Falls erwünscht, kann man auch die Kanten mit der Handoberfräse dekorativ gestalten. Bohren Sie vor der Arbeit mit den Punktiereisen ein 10-mm-Loch als Aufhängung in die Rückseite.

Abbildung 47 – Legen Sie **die Hand des Kindes** auf das Holz, und ziehen Sie die Umrisse nach. Halten Sie den Bleistift senkrecht, damit der Umriß gleichmäßig wird. Kinder verändern meist den Winkel zwischen Bleistift und Objekt beim Nachziehen des Umrisses, dadurch wird dieser unregelmäßig. Setzen Sie den Bleistift leicht an, damit die Linien dünn bleiben, sie werden später ausradiert.

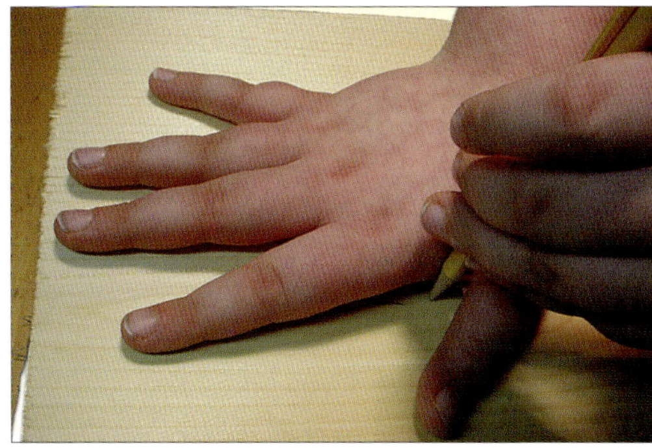

Abbildung 48 – Mit dem **glatten Eisen** wird der Hintergrund niedergedrückt. Plazieren Sie das Eisen bündig am **Umriß der Hand**. Manche Kinder schlagen nicht fest genug, um mit einem Schlag die notwendige Tiefe zu erreichen. Es dürfen aber auch ruhig mehrere Schläge sein. Wichtiger ist, daß die Schläge alle gleich tief sind. Helfen Sie dem Kind dabei, das Eisen für den neuen Schlag umzusetzen. Jeder neue Schlag sollte den vorherigen etwas überlappen. Am schwierigsten sind meist die Stellen zwischen den Fingern.

Abbildung 49 – Ist der **Umriß** vollkommen nachgezogen, wechselt man zum Schraffiereisen, mit dem der Hintergrund abgedunkelt wird. Den meisten Kindern werden die großen offenen Flächen am leichtesten fallen. Am gleichmäßigsten wird der Hintergrund, wenn man das Eisen um eine halbe Breite versetzt und dabei eine Vierteldrehung vornimmt. Auch hier muß zwischen den Fingern besonders sorgfältig gearbeitet werden.

Abbildung 50 – **Die Oberfläche** wird am besten mit zwei Lagen eines matten oder seidenmatten Polyurethanlackes behandelt. Vor dem Lackieren sollten Sie die Bleistiftlinien entfernen.

Das dritte Werkstück: Eine Namensskulptur

Bereiten Sie ein Brett mit den Maßen 200 mm x 200 mm x 10 mm vor. Das Brett muß nicht verziert werden, da es gesägt wird. Schreiben Sie den Namen des Kindes in ballonartigen Buchstaben auf das Brett. Die Buchstaben sollten untereinander gut verbunden sein.

Schneiden Sie die Umrisse mit der Dekupiersäge/ Feinschnittsäge oder mit der Bandsäge und einem feinen Sägeblatt aus. Bei Marcs Namen habe ich einen 10-mm-Bohrer verwendet, um die Mittelstücke der Buchstaben »a« und »c« zu entfernen. Bringen Sie nach dem Sägen auf der Rückseite ein 10-mm-Loch als Aufhängung an.

Abbildung 51 – **Schleifen Sie den Namenszug glatt**, bevor das Kind mit der Arbeit beginnt. Zeichnen Sie die Buchstaben wieder auf den Rohling auf. Die Außenlinie der Buchstaben sollten etwa 5 mm vom Rand entfernt sein.

Abbildung 52 – Bei diesem Werkstück wird das **Schraffureisen** verwendet, um das Innere der eingezeichneten Buchstaben abzudunkeln. Das Kind sollte dabei die gleiche Technik verwenden wie beim vorigen Werkstück: Das Schraffureisen wird jeweils um eine halbe Breite versetzt und um eine Vierteldrehung gedreht, bevor der nächste Schlag ausgeführt wird. Die Arbeit an diesem Stück erfordert mehr Aufmerksamkeit und Geduld als die an den früheren Stücken.

Abbildung 53– **Wenn die Arbeit mit dem Punktiereisen** beendet ist, sollte das Werkstück dem Exemplar auf dem Foto ähneln.
Die Schraffuren sollten deutlich sein. Das fertige Werkstück wurde mit Leinöl behandelt. Die dabei verwendeten Tücher müssen zum Trocknen sorgfältig ausgebreitet werden, da es sonst zur Selbstentzündung kommen kann.

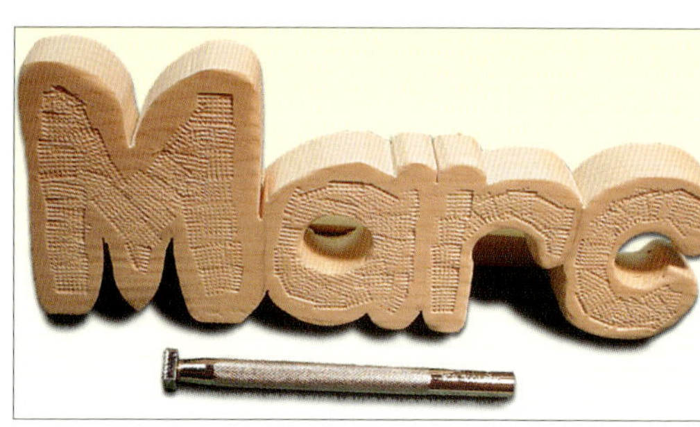

Das vierte Werkstück: Eine punktierte Blume

Abbildung 54 – **Das vierte Werkstück** ist etwas komplizierter. Man kann ein Brett mit den Maßen 75 mm x 100 mm x 5 mm als Rohling verwenden oder eine kleine Lindenholztafel kaufen, wie Sie in dem Foto zu sehen ist. Solche Tafeln sind in vielen Bastelläden zu erhalten. Vergessen Sie nicht, auf der Rückseite ein Loch als Aufhängung zu bohren, bevor Sie mit der Arbeit beginnen. Zeichnen Sie auf die Tafel eine einfache Blume.

Abbildung 55 – **Arbeiten Sie mit dem polierten Spitzeisen**. Helfen Sie dem Kind, die Spitze zwischen den Blütenblättern anzusetzen. Mit einem festen Schlag werden die Blütenblätter voneinander getrennt.

Abbildung 56 – Helfen Sie dem Kind, die Umrisse der Blütenblätter mit dem **polierten Flacheisen** nachzuziehen. Dabei wird das Eisen nach jedem Schlag um eine halbe Eisenbreite versetzt und dann der nächste Schlag ausgeführt. Zwischen den Blütenblättern muß sehr sorgfältig gearbeitet werden.

Abbildung 57 – **Wenn alle Blütenblätter** punktiert worden sind, sollte das Werkstück so aussehen wie unser Beispiel auf dem Foto.

Abbildung 58 – Mit einem **Kreuzschlitzschraubendreher** kann das Kind die Blütenmitte mit Kreuzmustern versehen. Die Muster sollten nicht zu tief eingeschlagen werden, um die Holzfasern nicht zu durchtrennen.

Abbildung 59 – **Tauschen Sie die Werkzeuge wieder aus**, und lassen Sie das Kind mit dem polierten Flacheisen den Stengel und den Blumentopf herausarbeiten. Auch dabei wird das Eisen nach jedem Schlag um eine halbe Eisenbreite versetzt und dann der nächste Schlag ausgeführt.

Abbildung 60 – **Das Stück wird fertiggestellt**, indem der Hintergrund mit dem Schraffureisen abgedunkelt wird. Einen ebenförmigen Hintergrund erreicht man, indem das Eisen nach jedem Schlag um eine halbe Eisenbreite versetzt und gedreht wird, bevor der nächste Schlag ausgeführt wird. Man muß nicht übermäßig genau arbeiten, allerdings ist es wichtig, daß der Hintergrund gleichmäßig mit Schraffuren bedeckt wird.

Das fertige Werkstück kann mit Leinöl oder mit Polyurethanlack behandelt werden. Man kann auch mit einer leichten Beize vorher noch die punktierten Muster hervorheben.

Kapitel 2:
Die mittlere Altersgruppe (9 bis 12 Jahre)

Ich habe mehrmals Kindergruppen in diesem Alter unterrichtet. Die Erfahrungen, über die ich hier berichte, stammen aus der Arbeit mit Jugendgruppen in meiner Heimatstadt.

Ich bereitete mich auf den Kurs vor, indem ich ein Werkstück aussuchte, von dem ich annahm, daß es in 20 Minuten oder weniger fertigzustellen sei. Bei meinen eigenen vier Kindern habe ich festgestellt, daß 20 Minuten ungefähr die obere Grenze der Gedulds- und Aufmerksamkeitsspanne eines Kindes ist. Wenn wir mit der ganzen Meute in ein Restaurant gehen und länger als 20 Minuten warten müssen, wird es Zeit, wieder das Auto anzusteuern und irgendwo anders einen Snack zu holen.

Für den ersten Kurs suchte ich ein Spielzeug aus, das unter verschiedenen Namen bekannt ist. Es ist ein Rundstab von 150 bis 200 mm Länge, an dessen Ende ein kleiner Propeller lose angenagelt ist. In das Rundholz werden Kerben geschnitten, wenn man dann mit einem zweiten Stab schnell über die Kerben streicht, dreht sich der Propeller.

Ich stellte die entsprechenden Materialien zusammen: Zuerst schnitt ich die Propeller aus Lindenholz zurecht und sägte Rundstäbe auf die richtige Länge. Dann stellte ich Schleifstäbe her. Es gibt verschiedene geeignete Formen, für dieses Werkstück reicht es jedoch vollkommen, wenn man größere Eiskrem-Holzstäbchen mit einem grobkörnigen Schleifpapier überzieht. Ich versah die Rundstäbe mit Sägeschnitten, die meine Schüler dann durch Schleifen zu Kerben vergrößern sollten. Wenn sie dann den Propeller noch etwas nachgeformt und die beiden Teile zusammengenagelt hatten, konnte der Spaß beginnen.

Ich machte jedoch einen Fehler, als ich ein tropisches Hartholz als Material für die Rundstäbe aussuchte. Kiefer wäre nicht teurer gewesen, und man hätte die Kerben sehr viel schneller hineinschleifen können.

Die Kinder waren durch das langwierige Schleifen etwas frustriert. Als es jedoch an der Zeit war, das Spielzeug zusammenzumontieren und damit zu spielen, heiterten sie bald wieder auf.

Das Unterrichten von Kindern dieser Altersgruppe

Kinder sind in diesem Alter schon auf dem besten Weg, junge Erwachsene zu werden. Auf jeden Fall geben sie dem Lehrer immer wieder Stoff zum Nachdenken. Manche Kinder werden sich durch die Werkstücke überfordert fühlen, für andere werden sie zu einfach sein.

Bleiben Sie flexibel. Beobachten Sie Ihre Schüler, und scheuen Sie sich nicht, die Gruppeneinteilung gegebenenfalls zu ändern.

Lernstile und -techniken

Kinder, die beim Lernen optisch orientiert sind, können davon profitieren, wenn man sich mit ihnen die einzelnen Schritte in diesem Buch ansieht. Es kann auch nützlich sein, das Buch zu Hand zu haben, um den Fortschritt anhand der Fotos zu zeigen und zu überprüfen.

Kinder, die durch Handeln lernen, verstehen die Arbeitsschritte vielleicht erst dann, wenn sie selbst anfangen zu schnitzen. Sie lernen am besten durch das Experimentieren, man wird ihnen oft etwas mehr Freiraum geben müssen, um zu innovativen eigenen Lösungen zu kommen.

In dieser Altersgruppe kann man ohne weiteres mit mehreren Kindern zur gleichen Zeit arbeiten. Sie können sich als Lehrer auch einen Satz Materialien zurechtlegen und mit den Kindern zusammen an Ihrem Werkstück arbeiten, um ihnen so als Rollenvorbild zu dienen.

Sicherheit und Beaufsichtigung

Die Stücke in diesem Kapitel werden mit einigen – sicheren – Werkzeugen hergestellt. Bis zu drei oder vier Kinder können von jeweils einem Lehrer betreut werden.

Als Arbeitsplatz eignet sich eine Holzwerkstatt. Beim Schleifen entsteht viel Holzstaub, der entsprechend entsorgt werden muß, Man kann aber bei entsprechendem Wetter auch ins Freie gehen, dort kümmert sich Mutter Natur dann um den Schleifstaub. In Innenräumen sollte man auf Gesichtsmasken, Belüftung und Staubabsauganlagen zurückgreifen. Stellen Sie sicher, daß alle Elektrogeräte abgeschaltet und ausgestöpselt sind, wenn die Kinder sich in der Werkstatt aufhalten.

Es gibt Menschen, die auf Holzstaub allergisch reagieren. Bei Kiefern- und Lindenholz ist das ziemlich selten, aber Kirsche, Nußbaum und andere Holzarten können zu Hautausschlägen führen. Ich selbst habe zum Beispiel Probleme mit Amerikanischer Eiche.

Werkzeug

Die Stücke in diesem Kapitel können mit jedem schleifenden Werkzeug hergestellt werden. Wir verwenden die einleitend beschriebenen Schleifstäbe und -bögen. Ein Staubmaske stellt eine sinnvolle Ergänzung der Ausrüstung dar.

Der Arbeitsplatz

Der Arbeitsplatz sollte gut ausgeleuchtet und belüftet sein und eine bequeme Arbeitshaltung ermöglichen. Diese Werkstücke eignen sich sehr gut für das Arbeiten unter freiem Himmel.

Das erste Werkstück: Ein Marienkäfer

Abbildung 61 – **Kinder und Käfer** scheinen irgendwie zusammenzugehören. Als Material habe ich ein Stück Virginischen Wacholder in den Maßen 75 mm x 100 mm x 25 mm ausgewählt. Das Kind sollte in der Lage sein, den Käfer selbst auf den Rohling zu zeichnen.
Zuerst zeichnet man ein Oval, das eine Seite des Holzstücks ausfüllt. Dann wird das Oval in Längsrichtung in zwei Hälften geteilt. An einer Seite wird ein Bogen für den Kopf eingezeichnet, an der anderen wird ein Teil der Linie ausradiert und durch zwei kürzere Linien ersetzt, wie auf dem Foto zu sehen.

Abbildung 62 – Sägen Sie mit der **Laub-, Band- oder Dekupiersäge** die Umrisse des Ovals für das Kind aus.

Abbildung 63 – Reißen Sie mit dem **Bleistift** auf jeder Seite die Position der drei Beine an.

Abbildung 64 – Die drei Löcher müssen **gebohrt** werden. Ich verfüge über eine Ständerbohrmaschine, man kann die Löcher aber auch mit einer elektrischen Handbohrmaschine bohren. Auf dem Foto ist der Rohling um der Deutlichkeit willen nicht eingespannt worden; Sie sollten das keinesfalls nachahmen, sondern ihn vor dem Bohren sicher einspannen.

Abbildung 65 – Legen Sie **alle Materialien und Werkzeuge** für jeweils ein Kind zurecht: einen Schleifbogen, einen Schleifstab, drei halbierte Pfeifenreiniger für die sechs Beine, zwei Aufkleb-Augen und den Rohling.

Abbildung 66 – **Das Kind zeichnet** an der Schmalseite 5 mm unterhalb der Kante um den Rohling herum. Dann wird auf der Oberseite ein Oval gezeichnet, ebenfalls in 5 mm Abstand von der Kante. Danach wird der Rohling so markiert, wie auf dem Foto zu sehen. Die schraffierten Flächen sind der Verschnitt, den das Kind mit dem Schleifstab oder -bogen entfernen kann.

Abbildung 67 – Wenn die **Kanten abgerundet** sind, wird der Rest des Rohlings gerundet.

Abbildung 68 – Entweder das **Kind selbst** oder Sie sollten dann die Linien auf dem Holz wieder nachziehen. Das wird mit dem Schleifstab gemacht, den man dabei wie einen Bleistift hält. Die Linien werden mit einer schabenden Bewegung eingeschliffen.

Abbildung 69 – Der **Kopf** wird von den Flügeln/dem Körper abgesetzt, indem man auf der äußeren Seite der Trennlinie das Holz etwas abflacht. Die Flügel sollten in einer Ebene liegen und der Kopf etwa 1 mm oder 2 mm tiefer.

Abbildung 70 – Als Augen können gekaufte **Aufkleb-Augen** dienen, man kann die Augen aber auch mit Filzstift aufmalen oder einbrennen. Zeichnen Sie zuerst das Gesicht ein, und brennen Sie dann die Augen ein.

Abbildung 71 – **Viele kleine Mädchen** haben eine Vorliebe für Marienkäfer. Um aus dem Käfer einen Marienkäfer zu machen, werden auf jedem Flügel drei Punkte hinzugefügt. Die Jungen können ihre Käfer mit Linien dekorieren, die vom Kopf bis zu den Flügelspitzen verlaufen.

Abbildung 72 – **Bevor die Beine** angebracht werden, sollte der Käfer mit Öl oder Lack behandelt werden. Wenn die Oberfläche trocken ist, können Sie die Beine zurechtbiegen und anbringen. Mit etwas Holzleim oder Heißkleber werden die Beine befestigt.

Das zweite Werkstück: Eine Haarspange

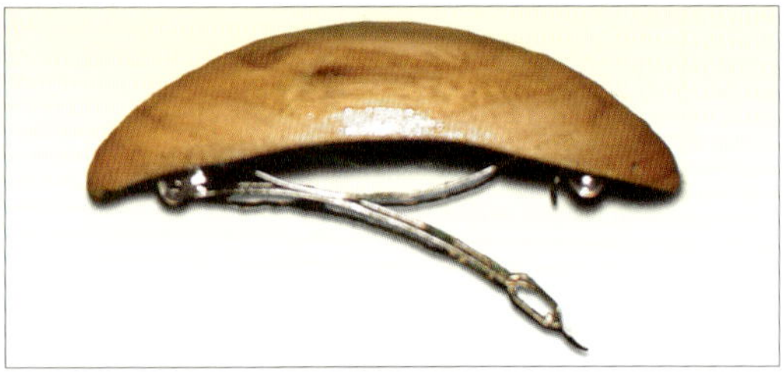

Abbildung 73 – Die **Metallverschlüsse** für Haarspangen kann man in vielen Bastelgeschäften kaufen. Falls Sie keine bekommen können, können Sie auch den Verschluß von einer preiswerten Spange entfernen und wiederverwenden. Wählen Sie ein Stück Holz aus, aus dem sich eine Krümmung herausschneiden läßt, die jener des Verschlusses entspricht. Im Foto sehen Sie Butternuß.

Abbildung 74 – **Übertragen Sie die obere und untere Kante** des Verschlusses auf das Holz. Das Scharnier des Verschlusses ist beim Übertragen im Weg. Ziehen Sie deshalb nach dem Übertragen die Linien sauber nach. Es ist wichtig, daß die Krümmung der Linien derjenigen des Verschlusses genau entspricht.

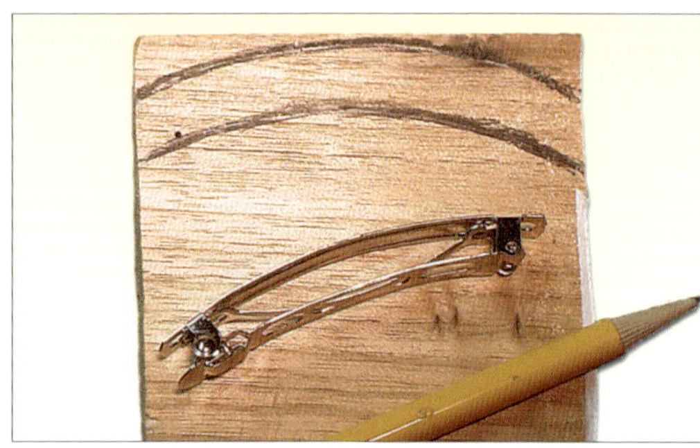

Abbildung 75 – **Sägen Sie den Rohling** mit der Bandsäge zu. Die Arbeit läßt sich zwar auch mit der Laub- oder Dekupiersäge/Feinschnittsäge erledigen, ist dann aber etwas schwieriger.

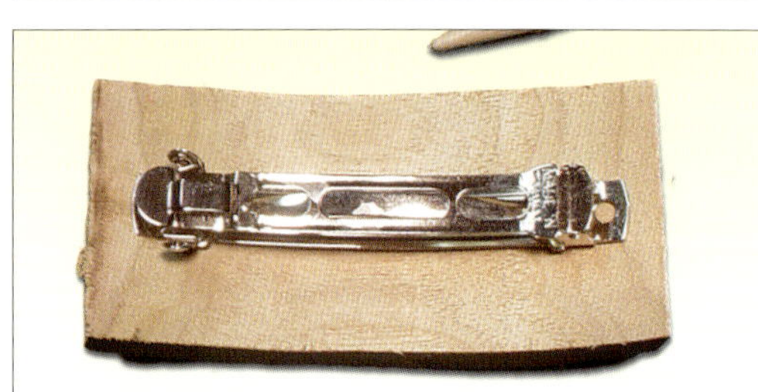

Abbildung 76 – **Bevor die Haarspange geformt** wird, muß die Vertiefung für den Verschluß geschnitzt werden.

Abbildung 77 – **Übertragen Sie den Umriß** des Verschlusses auf das Holz.

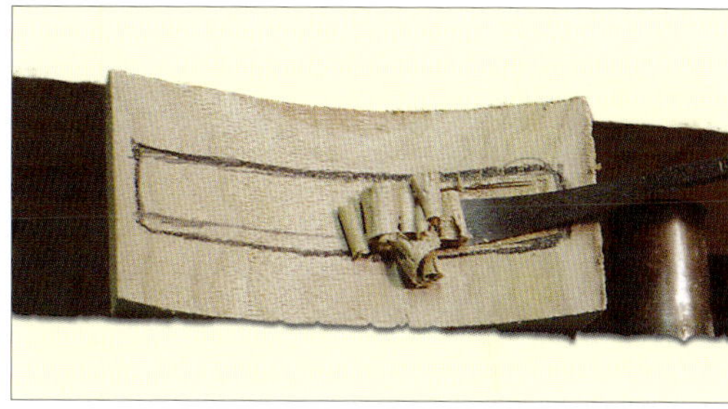

Abbildung 78 – Beim nächsten Schritt muß der **Rohling eingespannt** werden. Es ist gefährlich, das Holzstück dabei in der Hand zu halten. Heben Sie mit einem 10-mm-Stechbeitel eine Vertiefung für den Verschluß aus.

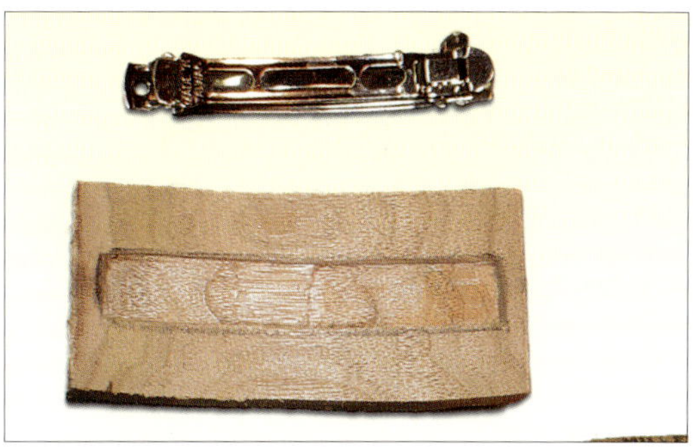

Abbildung 79 – **Der Verschluß** wird mit Epoxydkleber befestigt, allerdings erst nachdem die Schnitzarbeit beendet ist.

Abbildung 80 – **Legen Sie die Werkzeuge zurecht:** Die meiste Arbeit wird mit dem Schleifstab erledigt. Zeichnen Sie mit dem Bleistift ein möglichst großes Oval auf die Oberseite des Rohlings. Schleifen Sie die Ecken ab. Das erfordert einige Arbeit. Falls das Kind eher ungeduldig ist, können Sie den Verschnitt grob mit der Säge entfernen.

Abbildung 81 – Nachdem **alle vier Ecken** entfernt worden sind, kann man mit der Arbeit an der oberen Fläche beginnen.

Abbildung 82 – Zeichnen Sie die **Mittellinien** wie dargestellt ein.
Runden Sie die scharfen Kanten an der Oberseite durch Schleifen ab.

Abbildung 83 – Schleifen Sie das **ganze Holzstück** ab, bis es eine einheitlich glatte und ebenmäßige Oberfläche hat. Nach dem Formen wird mit feinem Schleifpapier geglättet.
Im Fachhandel sind Zwei-Komponenten-Kleber auf Epoxydharz-Basis zu bekommen. Mischen Sie die beiden Bestandteile gründlich. Eine kleine Menge (weniger als ein halber Teelöffel) reicht vollkommen, um den Verschluß in der Spange zu befestigen. Füllen Sie den Kleber in die Vertiefung.

Abbildung 84 – **Drücken Sie den Verschluß** in den Kleber. Achten Sie darauf, daß der Kleber in die Löcher des Verschlusses gepreßt wird. Der Verschluß muß während der Abbindezeit des Klebers offen bleiben, damit man den Verschluß nicht versehentlich zuklebt.
Die Oberfläche wird am bestem mit einem Polyurethanlack behandelt. Sprühen Sie mehrere Lagen eines matten oder seidenmatten Lackes auf.

Abbildung 85 – So sieht die **fertige Spange** aus.

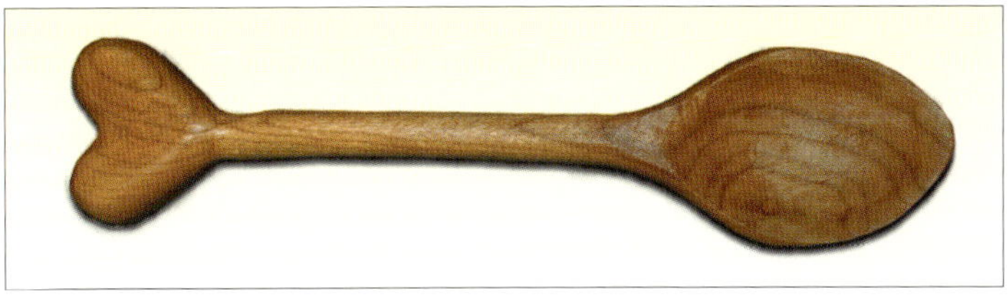

Das dritte Werkstück: Ein Holzlöffel

Abbildung 86 – Das dritte Werkstück ist etwas **komplizierter**. Bitten Sie das Kind, beim Entwurf mitzumachen. Als Holz eignet sich Kirschbaum gut. Es ist ein ansprechendes und widerstandsfähiges Holz. Nehmen Sie einen Küchenlöffel als Vorlage. Übertragen Sie die Umrisse der Laffe auf das Holz. Verlängern Sie den Stiel mit einem Lineal um etwa 50 mm.

Abbildung 87 – Der Entwurf kann durch ein kleines **Herz** optisch etwas aufgewertet werden. Das Herz kann abgepaust oder freihand gezeichnet werden.

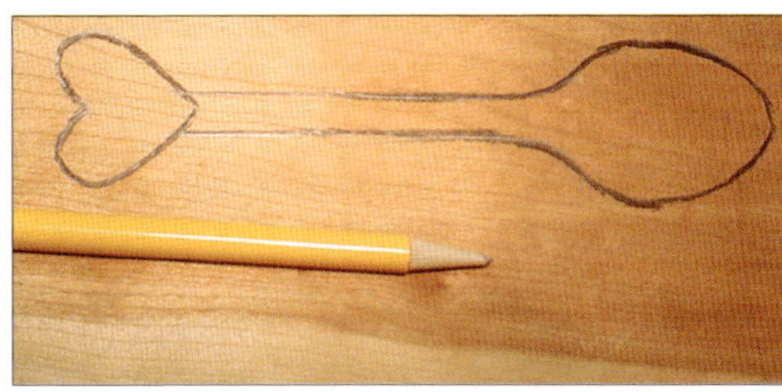

Abbildung 88 – Schneiden Sie den **Rohling** mit einer Band-, Laub- oder Dekupiersäge/ Feinschnittsäge aus.

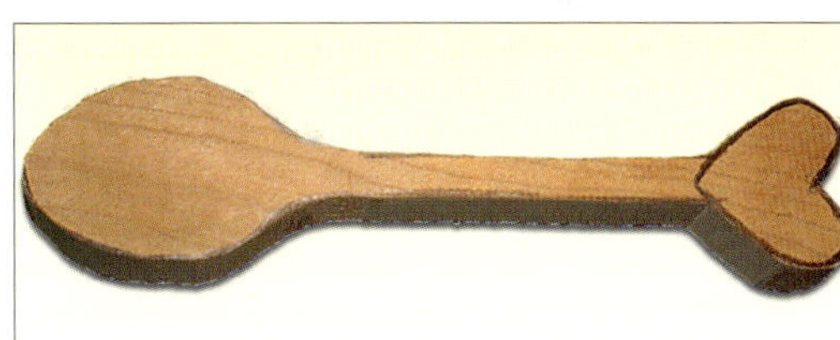

Abbildung 89 – Zeichnen Sie auf beiden Schmalseiten das **Profil** des Löffels an.

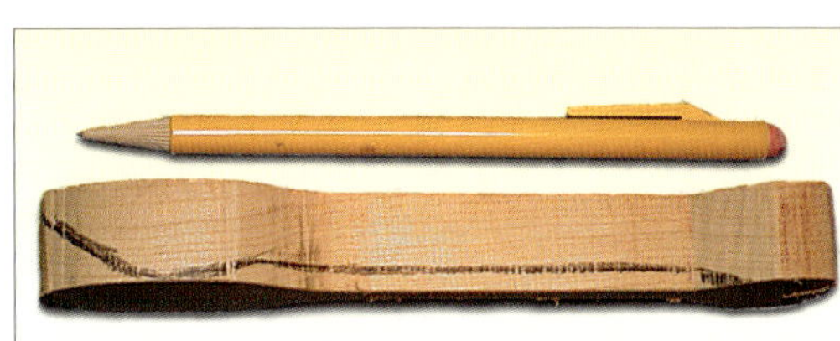

Abbildung 90 – **Ober- und Unterseite des Löffels** können mit dem Schleifstab geformt werden. Auch den Stiel kann man damit verdünnen. Bei entsprechender Sorgfalt kann man das Holz auch mit der Bandsäge entfernen, wir empfehlen aber die Arbeit mit dem Schleifstab.

Abbildung 91 – Zeichnen Sie, so wie auf dem Foto zu sehen, ein **Oval** auf die Laffe des Löffels.

Abbildung 92 – **Vertiefen Sie die Höhlung** der Laffe mit dem großen gerundeten Ende des Schleifstabes. Diese Arbeit wird nur langsam vonstatten gehen.

Abbildung 93 – **Das Ergebnis** von viel harter Arbeit.

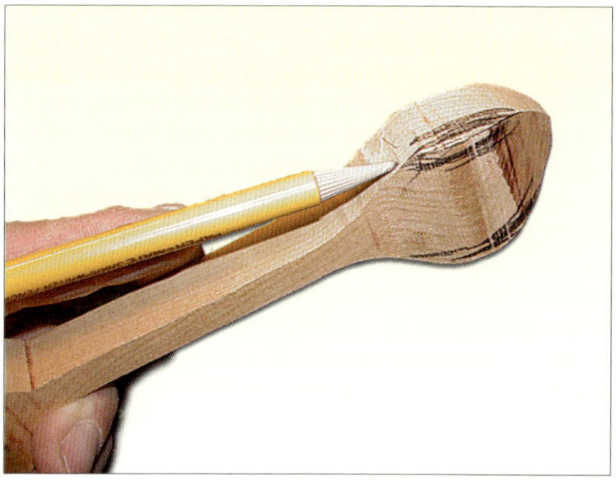

Abbildung 94 – Markieren Sie mit einem **Bleistift** die Kanten an der Unterseite der Laffe, die entfernt werden sollen.

Abbildung 95 – Nachdem **die Ecken** abgeschliffen worden sind, wird die Unterseite der Laffe abgerundet. Beginnen Sie, das Herz zu formen, indem Sie die beiden oberen Rundungen abschleifen.

Abbildung 96 – Auf diesem Foto sind die **Oberkanten des Herzens** auf einer Seite bereits fertiggestellt. Danach wird die untere Seite des Herzens geformt. Achten Sie darauf, daß der Stiel nicht zu dünn wird.

Abbildung 97 – Schleifen Sie Vorder- und Rückseite des Herzens und die **Vorderkanten** des Stieles.

Abbildung 98 – Der Stiel läßt sich am besten mit dem **Schleifbogen** abrunden. Arbeiten Sie mit langen, gleichmäßigen Zügen entlang der gesamten Länge des Stiels. Drehen Sie den Löffel immer wieder, damit der Stiel gleichmäßig rund wird.

Abbildung 99 – **Falls der Löffel** für Lebensmittel verwendet werden soll, muß die Oberfläche mit einem geeigneten Mittel behandelt werden. Olivenöl ist eine Möglichkeit, allerdings wird man den Löffel gelegentlich neu einölen müssen.

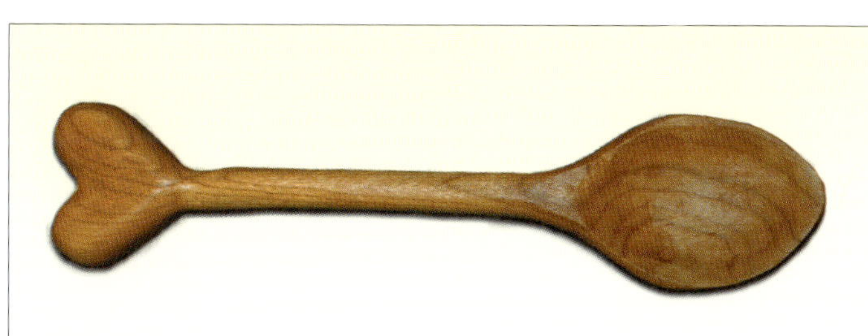

Das vierte Werkstück: Ein Schneemann

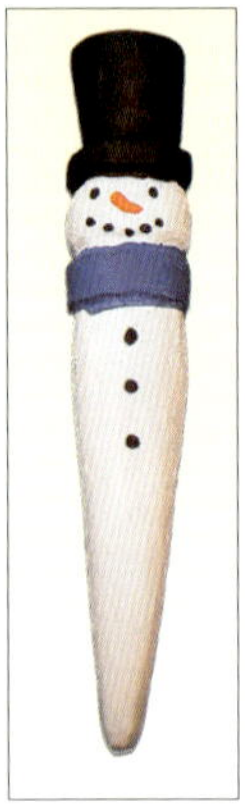

Abbildung 100 – **Sägen Sie** aus Kiefern- oder Lindenholz einen Rohling mit den Maßen 10 mm x 10 mm x 160 mm zu. Reißen Sie 25 mm von einem Ende auf allen vier Seiten eine Linie an. Hier geht der Hut in die Krempe über. Reißen Sie 30 mm vom Ende eine zweite Markierung für die Unterkante der Krempe an. Reißen Sie 50 mm vom Ende eine weitere Markierung für die Unterkante des Gesichtes und die Oberkante des Schals an. Die letzte Markierung – für die untere Kante des Schals – ist 50 mm vom Ende des Rohlings entfernt.

Abbildung 101 – **Reißen Sie** auf allen Seiten die Verjüngung an, wie auf dem Foto zu sehen.

Abbildung 102 – **Entfernen Sie** den Verschnitt an der Verjüngung.

Abbildung 103 – **Beginnen Sie** die Arbeit am Hut, indem Sie oberhalb der ersten Markierung am Rohling schleifen.

Abbildung 104 – **Auf dem Foto** ist zu erkennen, wie eine der Ecken aussehen sollte.

Abbildung 105 – **Schleifen Sie alle vier Ecken**, bis der Hut gleichmäßig gerundet ist. Nach dem Hut kann die Krempe bearbeitet werden.

Abbildung 106 – **Fangen Sie** an einer Ecke an, und schleifen Sie unterhalb der Krempe.

Abbildung 107 – **Verbinden Sie** die Ecken, indem Sie dazwischen das Holz abschleifen.

Abbildung 108 – **Wiederholen Sie** den Vorgang oberhalb des Schals.

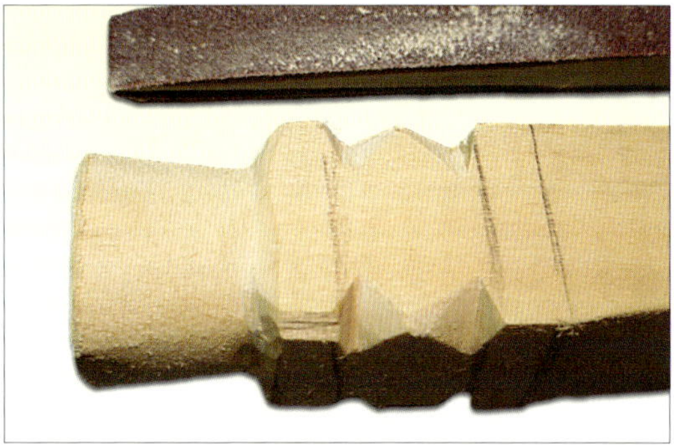

Abbildung 109 – **Verbinden Sie** wiederum die Ecken, indem Sie dazwischen das Holz abschleifen.

Abbildung 110 – **Verbinden Sie die Ecken** unterhalb des Schals.

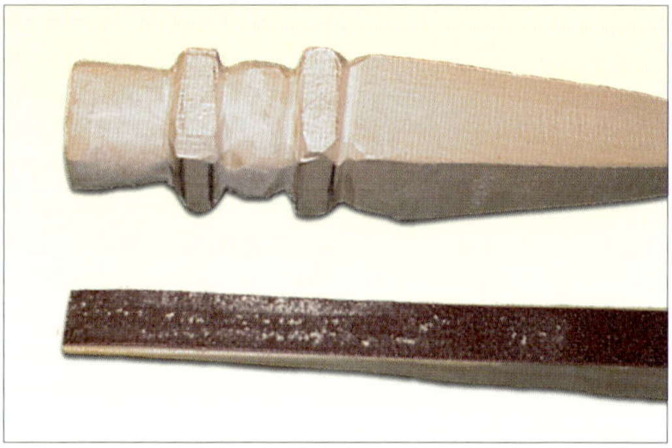

Abbildung 111 – **Runden Sie das Gesicht** als erstes ab. Der Schleifbogen ist für diese Arbeit vielleicht am geeignetsten. Wenn man mit dem Schleifstab arbeitet und zu viel Druck ausübt, können flache Stellen entstehen.

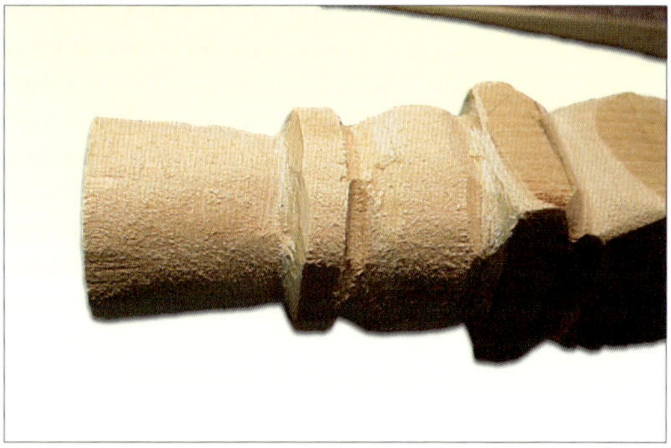

Abbildung 112 – **Wenn alle Teile abgerundet** sind, sollten der Kopf, Hut und Schal so aussehen.

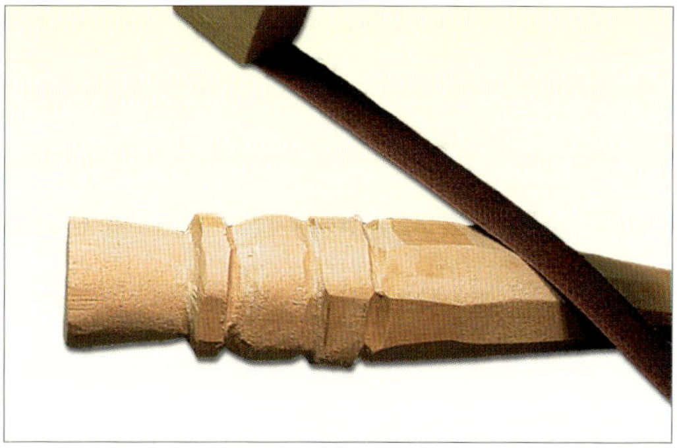

Abbildung 113 – **Runden Sie den Körper** mit dem Schleifbogen. Am besten sind lange, schräg angesetzte Züge mit dem Bogen.

Abbildung 114 – **Bemalen Sie den Schneemann** mit Acrylfarben. Der Hut und die Kohlen werden Schwarz, die Karotte orangefarben und der Schal in einer beliebigen, fröhlichen Farbe.

Kapitel 3: Teenager (13 bis 17 Jahre)

Mein liebstes Zitat von Mark Twain lautet:

»Als ich ein vierzehn Jahre alter Junge war, war mein Vater so dumm, daß ich es kaum ertragen konnte, den Alten in meiner Nähe zu haben. Als ich dann einundzwanzig geworden war, war ich sehr überrascht, wieviel der Alte in den letzten sieben Jahren dazugelernt hatte.«

Jeder Leser dieses Buches weiß bereits, wie kritisch diese Phase im Leben eines Menschen ist. Es ist schwierig, die Veränderungen, die von einem Tag zum nächsten in einem Jugendlichen auftreten, zu verstehen. Sie sind zu dieser Zeit auf halben Weg zwischen dem Kind und dem jungen Erwachsenen, und ihr Bedürfnis, sich auszudrücken, kann überwältigend stark werden. Ein Kind kann sich nur auf Weisen ausdrücken, die es auch kennengelernt hat. Manche Kinder finden die Möglichkeiten dazu in der Musik oder in ihrem Freundeskreis, andere wählen jedoch auch zerstörerische Wege.

Kann man ein Kind wirklich vor diesen zerstörerischen Pfaden bewahren, indem man ihm das Schnitzen beibringt? Ganz sicher kann man ihnen ein Beispiel geben. Ein Beispiel dafür, daß ein Erwachsener so an seiner Zukunft interessiert ist, daß er auch bereit ist, seine Zeit mit ihm zu verbringen. Man kann ihm zeigen, daß es Ausdrucksmöglichkeiten gibt, die auf Schöpfung und nicht auf Zerstörung beruhen. Kinder in dieser Altersgruppe sollten vielen unterschiedlichen Möglichkeiten ausgesetzt werden, sich auszudrücken.

Vor einigen Jahren wurden drei Kinder in der Stadt, in der ich arbeitete, dafür belangt, daß sie auf einem Kirchhof mutwillig die religiösen Statuen beschädigt hatten. Ich bin überzeugt davon, daß die Welt, in der wir leben, eine bessere Welt wäre, wenn jemand diesen Kindern gezeigt hätte, wieviel Mühe die Wiederherstellung dieser Statuen bedeutet.

Das Unterrichten von Kindern dieser Altersgruppe

In diesem Alter hat ein Kind meist schon zu seinem eigenen Lernstil gefunden. Sie entwickeln Interessen, die sich vielleicht ein Leben lang halten, und ihr Interesse an kreativen Arbeiten geht weit über das einfache »Sieh mal, Mama!« hinaus. Kinder in diesem Alter können sehr viel Befriedigung aus ihrer eigenen Arbeit gewinnen.

Es ist jetzt auch an der Zeit, sie mit dem Umgang mit scharfschneidigen Werkzeugen vertraut zu machen. Außerdem sind sie auch reif genug, sich mit einem Werkstück auseinanderzusetzen, das nicht in einer einzigen Sitzung fertiggestellt werden kann. Je nachdem, wie erwachsen ein Kind sich schon verhält, kann man es, nachdem es die grundlegenden Fertigkeiten erworben hat, unter Umständen schon ohne Beaufsichtigung arbeiten lassen.

Lassen Sie das Kind die Anleitungen studieren, geben Sie ihm aber auch Raum für seine eigene Kreativität.

Lernstile und -techniken

Kinder in diesem Alter sollten sich die einzelnen Schritte der Anleitung zumindest einmal ansehen. Manche Kinder sind sich sogar schon ihres eigenen Lernstiles bewußt, das muß jedoch nicht immer der Fall sein. Es gibt auch Kinder, die schon das ganze Werkstück auf eigene Faust angehen wollen. Ich würde das jedoch erst dann zulassen, wenn sich unter Aufsicht gezeigt hat, daß das Kind den sicheren Umgang mit dem Schnitzwerkzeug beherrscht.

Kinder in diesem Alter können sehr davon profitieren, wenn sie ein Werkstück zusammen mit dem Lehrer bearbeiten. Falls das Kind auf Schwierigkeiten stößt, kann man von Zeit zu Zeit den Rohling mit ihm austauschen – »nur damit es aufholen kann«. Manche Kinder weisen solche Hilfen aber auch zurück und bestehen darauf, die Arbeit selbst auszuführen.

Wichtig ist es, darauf zu achten, ob die Schüler unvorsichtig arbeiten oder erkennbar nicht mehr aufmerksam sind. In diesem Fall kann es an der Zeit sein, aufzuhören und zusammenzupacken. Sie dürfen auf keinen Fall erlauben, daß unvorsichtig gearbeitet wird.

Sicherheit und Beaufsichtigung

Bevor die Kinder mit dem Schnitzen beginnen, müssen sie sich mit dem Umgang und der Pflege eines Schnitzmessers vertraut machen. Das Schnitzmesser ist unter Umständen der schärfste Gegenstand, den sie je in den Händen gehalten haben, und sie werden in seinem Gebrauch zuerst unsicher sein.

Ein stumpfes Messer ist ein gefährliches Messer. Um mit einem stumpfen Messer zu schnitzen, muß man mehr Kraft einsetzen. Das Messer rutscht dann leicht ab, und das kann übel ausgehen.

Sie brauchen unbedingt einen Schnittschutzhandschuh für die Hand, die das Holz hält. Man kann etwas Geld sparen, indem man auf einen Filetierhandschuh für Angler zurückgreift, aber ein richtiger Schnitzhandschuh ist sehr viel besser geeignet.

Weisen Sie das Kind darauf hin, daß das Messer häufig abgezogen werden muß. Wenn Sie sich auf das Schärfen von Werkzeug gut verstehen, ist dies eine wertvolle Fertigkeit, die Sie an Ihre Schüler weitervermitteln sollten.

Ein letztes Wort zur Arbeitssicherheit: Das Messer wird irgendwann abrutschen. Das läßt sich nicht vermeiden, vor allem nicht bei Anfängern in der Schnitzkunst. Verletzungen lassen sich durch zwei Faktoren vermeiden. Erstens sollte man einen Schnittschutzhandschuh tragen. Zweitens muß man auf die Handstellung achten.

Wenn man immer weiß, wo sich die eigenen Hände gerade befinden und daß ein Messer abrutschen kann, verringert man die Verletzungsgefahr deutlich. Bei einem schälenden Schnitt muß man darauf achten, daß der Daumen unterhalb und außer Reichweite der Schneide ist. Bei einem hebelnden Schnitt muß sich die Hand, mit der man das Holz hält, außerhalb des Schnittbereiches befinden.

Werkzeug

Alle Werkstücke in diesem Kapitel lassen sich mit einem Taschenmesser oder einem Schnitzmesser mit der richtigen Klinge herstellen. Ein Geißfuß-Schnitzeisen kann hilfreich sein, ist aber nicht zwingend notwendig.

Der Arbeitsplatz

Es kann zwar sein, daß die jüngeren Kinder dieser Altersgruppe eine Höhenanpassung der Werkbank benötigen, im allgemeinen aber werden sie in der Lage sein, mit den Werkzeugen umzugehen.

Wenn Sie es vor sich selbst verantworten können, erlauben Sie den Kindern, ihre eigenen Rohlinge zuzuschneiden. Sie helfen ihnen damit, das Werkstück auch vorzubereiten. So gewinnen die Kinder einen ersten Einblick in den gesamten Herstellungsvorgang und lernen vielleicht auch die Anfangsgründe des Umgangs mit Elektrowerkzeugen.

Das erste Werkstück: Eine neugierige Ente

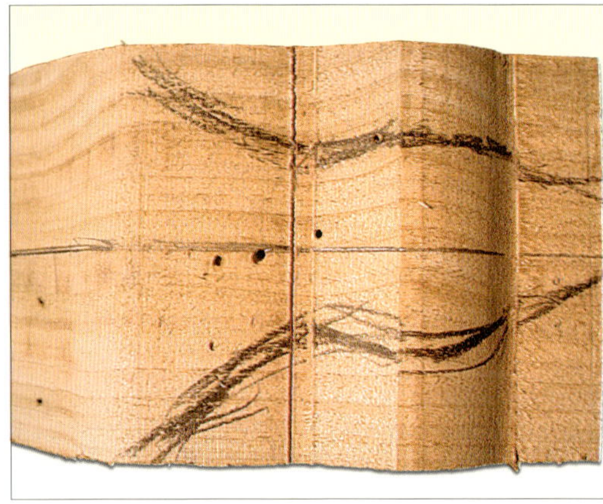

Abbildung 115 – **Das Vorbild dieser Ente** stammt aus der Volkskunst Quebecs und wird dort »le canard curieux« genannt – die neugierige Ente. Die Entenfigur wird auf ein Regal gestellt und lugt dann über die Kante hinunter. Ich habe die Skizze aus dem Gedächtnis gezeichnet.

Abbildung 116 – **Trauerweide** ist ein Laubholz, das sich gut zum Schnitzen eignet, leider aber kaum im Holzhandel zu erhalten ist. Wenn man es bekommt, dann so gut wie nie in Größen, die zum Schnitzen geeignet sind. Vor einigen Wintern verursachte bei uns ein Eissturm größere Waldschäden. Ich tat einem meiner Nachbarn einen Gefallen, indem ich das Bruchholz von seinem Grundstück entfernte. Das Holz trocknete ich sorgfältig und habe jetzt einen kleinen Vorrat an schönen Rohlingen zum Schnitzen. Das hier abgebildete Stück mißt 100 mm x 100 mm x 250 mm. Suchen Sie einen guten Rohling aus Kiefern-, Linden- oder Butternußholz aus, und übertragen Sie darauf den Entwurf.

Abbildung 117 – **Sägen Sie den Rohling** mit der Bandsäge aus. Eine Laub- oder Dekupiersäge/ Feinschnittsäge eignet sich wenig für diese Aufgabe. Achten Sie darauf, daß die Holzfasern in Längsrichtung verlaufen, wie hier gezeigt.

Abbildung 118 – Reißen Sie auf dem Rohling eine **Mittellinie** an. Hier befindet sich die höchste Stelle des Werkstücks, die Linie sollte unberührt bleiben, bis die Arbeit fast vollendet ist.

Abbildung 119 – Reißen Sie die **Verjüngung** für den Schwanz an, wie auf dem Foto zu sehen.

Abbildung 120 – Zeichnen Sie dann die **Schulter**, den Hals und den Schnabel ein.

Abbildung 121 – **Zu diesem Zeitpunkt** müssen Sie sich entschließen, ob Sie das gezeigte Profil mit der Bandsäge ausschneiden wollen oder ob der Schüler es herausschnitzen soll.

Abbildung 122 – **So sollte** der mit der Bandsäge hergestellte Rohling aussehen. Auch wenn der Schüler den Verschnitt mit dem Messer entfernt hat, sollte der Umriß dem dargestellten ähneln.

Abbildung 123 – **Zeichnen Sie** beiderseits der Kanten des Rohlings in etwa 5 bis 8 mm Entfernung eine Linie ein.
Das Holz zwischen diesen Linien wird zuerst entfernt.

Abbildung 124 – **So könnte** eine Seite des Rohlings aussehen, nachdem die Linien eingezeichnet worden sind.

Abbildung 125 – Die meisten Schnitte bei dieser Arbeit sind **schälende Schnitte**. Als Faustregel kann man sagen, daß von den höheren Punkten der Schnitzerei zu den tieferen hin geschnitzt wird.

Abbildung 126 – An den **tiefgelegenen Stellen** – am Hals zum Beispiel – wechselt der Faserverlauf die Richtung. Man begegnet diesem Problem, indem man erst einen Führungsschnitt anbringt.

Abbildung 127 – Mit einem **schälenden Schnitt** von der anderen Seite wird der Hals versäubert. Es kann sein, daß man mehrere Schnitte benötigt, um den Hals zu säubern.

Abbildung 128 – Wenn man sich vom **Hals zum Kopf** hocharbeitet, wird sich der Faserverlauf wahrscheinlich wieder ändern. Setzen Sie dort, wo sich die Form des Rohlings ändert, einen vorsichtigen Schnitt an, um zu sehen, in welche Richtung die Fasern verlaufen. Falls sich der Verlauf geändert hat, schneiden Sie in die andere Richtung.

Abbildung 129 – Die **rechte Seite** des Rohlings sollte so aussehen wie auf dem Foto. Sobald die rechte Seite grob vorgearbeitet ist, wird der Vorgang auf der linken Seite wiederholt.
Dabei wird man häufig schälende Schnitte einsetzen. Entfernen Sie auf dieser Seite des Halses etwas Holz mit hebelnden Schnitten. Schneiden Sie auf diese Schnitte von der anderen Seite mit schälenden Schnitten zu. Verfahren Sie auf der linken Seite auf die gleiche Weise.

Abbildung 130 – **Beide Seiten** sind grob vorgearbeitet.

Abbildung 131 – Beginnen Sie, den Körper der Ente **abzurunden**, indem Sie die scharfe Kante, die beim groben Vorarbeiten entstanden ist, mit schälenden Schnitten entfernen.

Abbildung 132 – **Wenn die Seite des Bauches** abgerundet ist, sollte sie so aussehen wie die Ente auf diesem Foto. Runden Sie die andere Seite des Bauches auf die gleiche Weise ab. Drehen Sie die Ente um, und schälen Sie die Kanten am Rücken ab.

Abbildung 133 – **Denken Sie daran**, die Mittellinie unberührt zu lassen. Dadurch wird das Profil der Ente intakt gehalten.

Abbildung 134 – **Bearbeiten Sie** den Bauch mit schälenden Schnitten auf die flache Standfläche hin. Achten Sie darauf, daß die Standfläche absolut flach und eben bleibt, damit die fertige Ente nicht wackelt.

Abbildung 135 – Auf diesem Foto sind die meisten **Rundungsarbeiten** bereits ausgeführt. Führen Sie die Feinarbeiten am Hals abwechselnd mit schälenden und hebelnden Schnitten aus.

Abbildung 136 – Hier sind **der Körper und der Hals** abgerundet.

Abbildung 137 – **Zeichnen Sie die Flügel** wieder auf dem Rücken der Ente ein.

Abbildung 138 – Mit einem **Geißfuß-Eisen** geht die Arbeit leichter, aber man kann sie auch mit dem Messer ausführen.

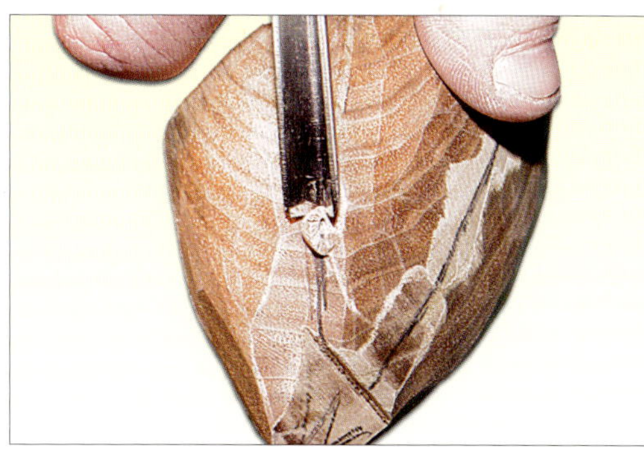

Abbildung 139 – **Trennen Sie den Flügel** vom Körper, indem Sie mit dem Geißfuß auf den Schwanz hin schneiden.

Abbildung 140 – Entfernen Sie die **scharfe Kante** auf der Körperseite des Schnittes mit einem schälenden Schnitt. Lassen Sie auf der Flügelseite die Kante jedoch stehen, damit sie einen Schatten wirft.

Abbildung 141 – So sollte **der Flügel** aussehen.

Abbildung 142 – **Zeichnen Sie ein umgekehrtes »V«** auf die Rückseite der Flügel.

Abbildung 143 – Arbeiten Sie mit dem **Geißfuß** oder dem Messer das umgekehrte »V« heraus.

Abbildung 144 – So sollte der Flügel nach den **beiden Schnitten** aussehen.

Abbildung 145 – Entfernen Sie mit einem **hebelnden Schnitt** den Verschnitt zwischen den Flügelspitzen. Nachdem die Flügel freigestellt worden sind, sollten Sie so aussehen wie auf dem Foto.

Abbildung 146 – **Runden Sie den Kopf** der Ente mit schälenden Schnitten ab. Fahren Sie mit den Seiten des Kopfes fort, und schließen Sie die Arbeit unter dem Kopf und Schnabel sowie auf der Oberseite des Kopfes ab.

Abbildung 147 – Bringen Sie **leichte Markierungen** für die Augen an. Schneiden Sie mit einem einzelnen, vorsichtig schälenden Schnitt die Augenhöhle. Auf dem Foto können Sie sehen, wie er ausgeführt werden muß.

Abbildung 148 – **Verputzen** Sie die Oberseite des Schnabels.

Abbildung 149 – Wenn die **Augenhöhlen** geschnitten und der Schnabel verputzt sind, sollte es so aussehen wie auf dem Foto.

Abbildung 150 – Zeichnen Sie die Begrenzung der **Oberseite** des Schnabels so ein, wie auf dem Foto zu sehen.

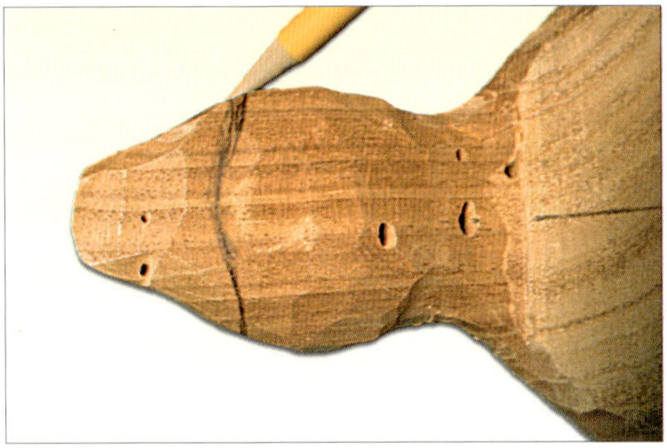

Abbildung 151 – Zeichnen Sie die **Unterseite** des Schnabels so ein, wie auf dem Foto zu sehen.

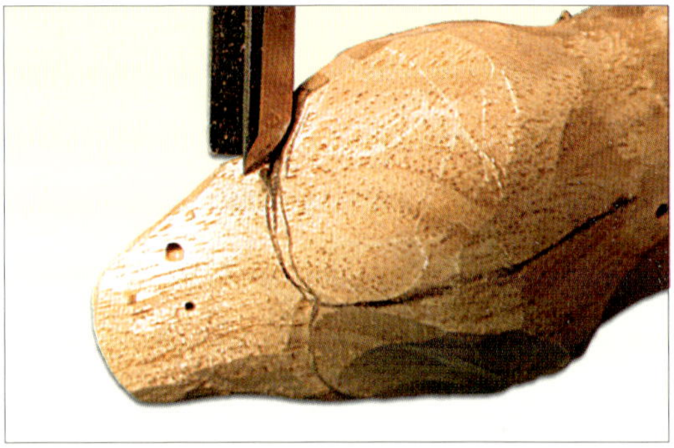

Abbildung 152 – Schneiden Sie den **Schnabelumriß** mit dem Geißfuß oder mit Führungsschnitten des Messers.

Abbildung 153 – **Verputzen** Sie den Schnabel vorsichtig bis hin zu dem Schnitt auf der Oberseite des Schnabels. Lassen Sie auf der kopfzugewandten Seite des Schnittes eine scharfe Kante stehen.

Abbildung 154 – Schneiden Sie die Linie unter dem Schnabel mit dem **Geißfuß**. Verputzen Sie mit schälenden Schnitten bis zu dieser Linie.

Abbildung 155 – **Wenn die Linie** zwischen Schnabel und Kopf fertiggestellt ist, sollte man einen deutlichen Schatten erkennen können. Als nächstes muß eine weitere Schattenlinie geschaffen werden, um oberen und unteren Schnabel voneinander zu trennen.

Abbildung 156 – Schneiden Sie mit dem **Geißfuß** oder mit Führungsschnitten des Messers eine Linie zwischen den beiden Schnabelhälften.

Abbildung 157 – **Verputzen** Sie die Unterseite des Schnabels vorsichtig. Lassen Sie auf der oberen Hälfte des Schnabels eine scharfe Kante stehen.

Abbildung 158 – **Zeichnen** Sie in der Mitte der zuvor angelegten Augenhöhlen zwei ovale Augen. Wenn Sie einen Zirkel zur Hand haben, können Sie ihn zu Hilfe nehmen. Stechen Sie damit an einem Auge leicht ein, und machen Sie mit dem anderen Ende am zweiten Auge eine Markierung. Stechen Sie jetzt an dieser Markierung ein, und markieren Sie das zweite Auge.

Abbildung 159 – **Stechen Sie mit dem Messer** im Augenwinkel so ein, wie im Foto gezeigt. Legen Sie das Messer entlang dem Bleistiftstrich in das Holz.

Abbildung 160 – **Wiederholen** Sie den Vorgang für die untere Augenbegrenzung.

Abbildung 161 – Mit einem **hebelnden Schnitt** sollte sich jetzt ein einzelner Span herausheben lassen.

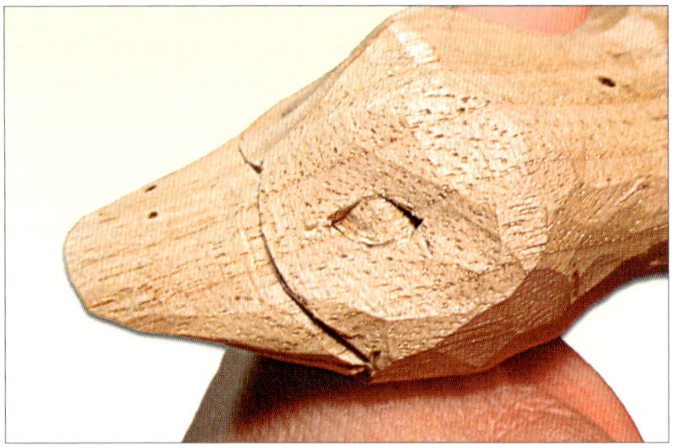

Abbildung 162 – **Wiederholen** Sie den Vorgang für den hinteren Augenwinkel. Stellen Sie mit dem Geißfuß oder dem Messer die oberen und unteren Umrisse des Auges fertig.

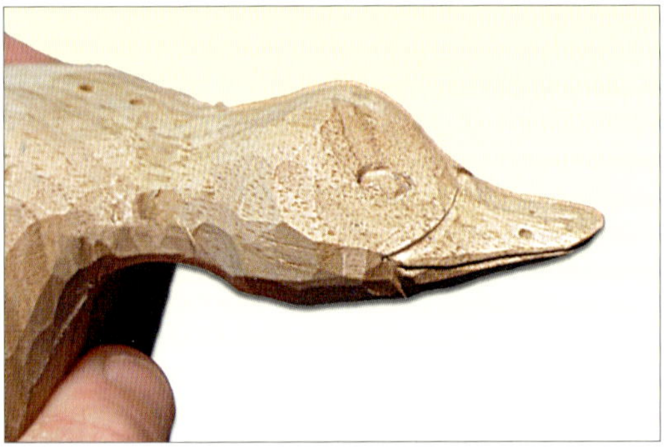

Abbildung 163 – **Denken Sie daran**, auch das andere Auge zu machen Da jetzt die Details fertig sind, können Sie die Mittellinie vorsichtig wegschneiden.

Abbildung 164 – Ich habe die Figur noch etwas **farbig gestaltet**. Um ein ausgeblichenes, gealtertes Aussehen zu erreichen, können Sie mit Wasserfarben oder mit verdünnten Acrylfarben arbeiten. Der Schnabel wird gelb, der Kopf grün. Mit einem sehr feinen Pinsel oder einem Zahnstocher wird das Auge schwarz ausgemalt.
Damit ist die Bemalung fertig. Wegen der Bemalung versieht man die Figur am besten mit einem Überzug aus Klarlack auf Polyurethan-Basis. Dann kann sie auf das Regal gestellt werden.

Das zweite Werkstück: Ein kleiner Bär

Abbildung 165 – **Der Rohling** ist aus Weymouths-Kiefer und mißt 50 mm x 50 mm x 100 mm. Ich habe den Entwurf so gestaltet, daß man ihn über ein Buch oder einen Bilderrahmen hängen kann.

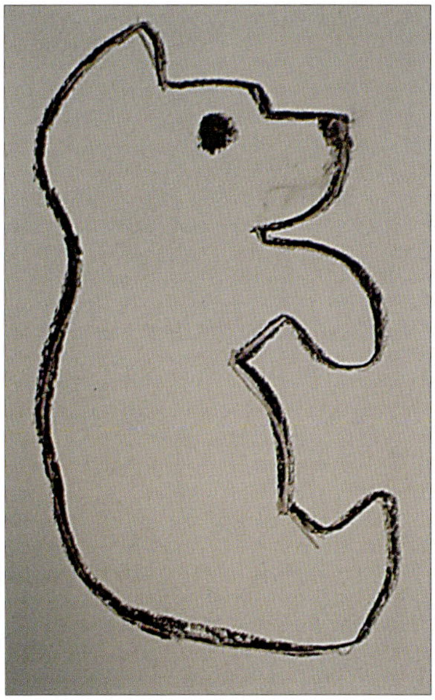

Abbildung 166 – **Übertragen** Sie zuerst den Entwurf auf das Holz.

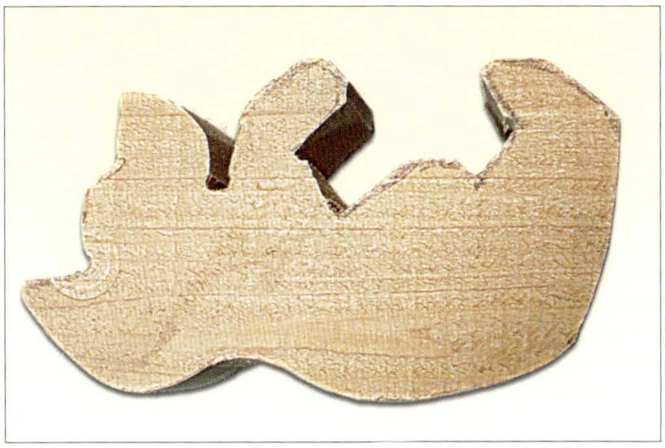

Abbildung 167 – Schneiden Sie den Rohling mit der **Bandsäge** aus. Arbeiten Sie zwischen den Füßen besonders vorsichtig.

Abbildung 168 – **Zeichnen** Sie den Hals, die Ohren und die Rückseite so ein, wie auf dem Foto gezeigt.

Abbildung 169 – Reißen Sie um den Rohling herum eine **Mittellinie** an.

Abbildung 170 – **Reißen Sie die Seiten** der Schnauze auf halber Strecke zwischen der Mittellinie und den Außenkanten des Rohlings an.

Abbildung 171 – Kennzeichnen Sie den **Verschnitt** zwischen den Pfoten. Markieren Sie auch die Ecken der hinteren Pfoten.

Abbildung 172 – **Beginnen Sie** die Arbeit mit schälenden Schnitten an der Außenseite der Ohren.

Abbildung 173 – **Beginnen Sie den Hals** mit schälenden Schnitten vom Kopf zu den Schultern hin zu formen.

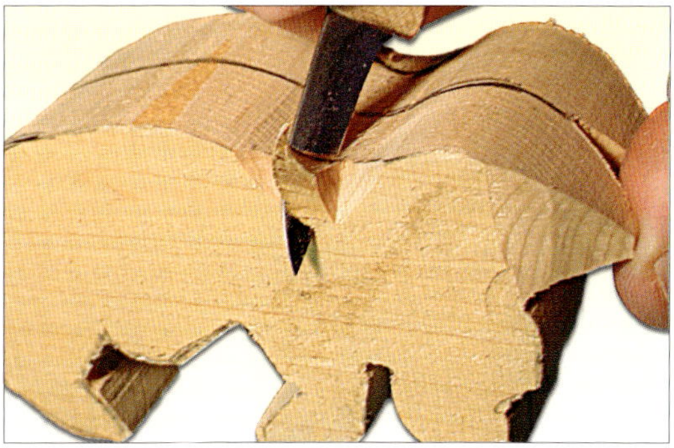

Abbildung 174 – **Arbeiten** Sie dann weiter von den Schultern zum Kopf.

Abbildung 175 – **Zeichnen** Sie eine Linie für den Hals.

Abbildung 176 – Legen Sie über den Hals einen **Führungsschnitt** an, und arbeiten Sie mit schälenden Schnitten auf den Führungsschnitt zu.

Abbildung 177 – **Bearbeiten Sie den Rücken**, das Hinterteil und die Rückseite der Hinterpfoten mit schälenden Schnitten. Schnitzen Sie so beide Seiten der Figur.

Abbildung 178 – Arbeiten Sie mit schälenden Schnitten von der **Wange** bis zur Schnauzenspitze. Schnitzen Sie so beide Seiten der Schnauze.

Abbildung 179 – Den **Verschnitt** zwischen den Pfoten zu entfernen ist keine leichte Aufgabe. Arbeiten Sie mit vorsichtig schälenden Schnitten von der Pfote zur Mittellinie hin.

Abbildung 180 – Und dann ein **hebelnder Schnitt** bis zur Mittellinie.

Abbildung 181 – **Der erste Span fällt.**

Abbildung 182 – ... **und wieder** schälend und hebelnd schneiden.

Abbildung 183 – **Und noch einer.**

Abbildung 184 – Mit **vorsichtiger** Arbeit werden die Pfoten freigestellt.

Abbildung 185 – **Runden Sie den Rücken** mit weiteren schälenden Schnitten ab. Danach sollte die Figur eine Reihe kräftiger Schnitte aufweisen, die den Bären schön rund aussehen lassen.

Abbildung 186 – Arbeiten Sie mit schälenden Schnitten **vom Bauch zu den Schultern** hin zum Kopf. Schnitzen Sie so beide Seiten der Figur.

Abbildung 187 – Bearbeiten Sie die **Innenseiten** der Beine mit schälenden Schnitten. Die Arbeit ist ähnlich schwierig wie das Freistellen der Vorderpfoten.

Abbildung 188 – Verputzen Sie mit dem **Messer** die Außenseiten der Beine.

Abbildung 189 – Runden Sie die **Pfoten** vorsichtig ab, indem Sie die Ecken abschälen.

Abbildung 190 – Die **Pfoten** sollten so aussehen wie auf dem Foto.

Abbildung 191 – **Entfernen** Sie dann die Sägespuren am Ende der Hinterpfoten mit schälenden Schnitten.

Abbildung 192 – **Verputzen** Sie die Kanten der Hinterpfoten.

Abbildung 193 – **Kennzeichnen** Sie die Stellen, an denen die vier Beine auf den Körper treffen, und die Stellen, an denen die Hinterpfoten in die Beine übergehen.

Abbildung 194 – Legen Sie einen **Führungsschnitt** vom Bein zur Pfote an. Arbeiten Sie vorsichtig, damit die Pfote nicht abbricht.

Abbildung 195 – Mit einem zweiten hebelnden Schnitt wird der **Span entfernt**.

Abbildung 196 – Arbeiten Sie mit **schälenden Schnitten** bis zum oberen Ende des Beines.

Abbildung 197 – Mit einem hebelnden Schnitt zum vorigen Schnitt hin wird der **Span entfernt**.

Abbildung 198 – Führen Sie einen **hebelnden Schnitt** bis zur Vorderseite des Beines aus.

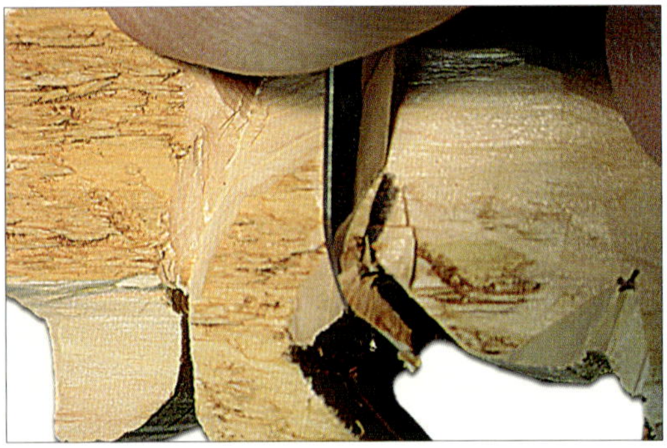

Abbildung 199 – **Schälen** Sie bis zu diesem Schnitt.

Abbildung 200 – Arbeiten Sie mit dem **gleichen Verfahren** auf die Markierung an der Hinterpfote hin. Wiederholen Sie das Ganze auf der anderen Seite.

Abbildung 201 – **Nach diesen Schnitten** wird der Bauch mit schälenden Schnitten abgerundet.

Abbildung 202 – Dieser Teil der Arbeit ist sehr **schwierig**. Die Pfoten bestehen aus »kurzem Holz«, das heißt, die Holzfasern verlaufen quer zur Länge der Pfoten Legen Sie vorsichtig einen Führungsschnitt am Handgelenk an. Wenn Sie zuviel Druck ausüben, bricht die Pfote ab.

Abbildung 203 – **Am sichersten ist es**, wenn Sie die Spitze des Messers vorsichtig ins Holz stekken, wie auf dem Foto zu sehen, und dann schälende Schnitte zur Schulter hinauf ausführen.

Abbildung 204 – Arbeiten Sie mit schälenden Schnitten von der **Oberseite** der Pfote zur Schulter hin.

Abbildung 205 – Arbeiten Sie sehr **vorsichtig**, allzuleicht brechen in diesem Stadium die Pfoten ab.

Abbildung 206 – Wenn die **Vorderbeine** fertig sind, sollten sie so aussehen wie dieses Foto.

Abbildung 207 – **Nun ist es an der Zeit**, den Kopf fertigzustellen. Entfernen Sie die Ecken des Kopfes mit schälenden Schnitten.

Abbildung 208 – Nach diesem Schnitt sollte der **Kopf** so aussehen.

Abbildung 219 – Reißen Sie die **Rückseite** der Ohren an, wie auf dem Foto zu sehen.

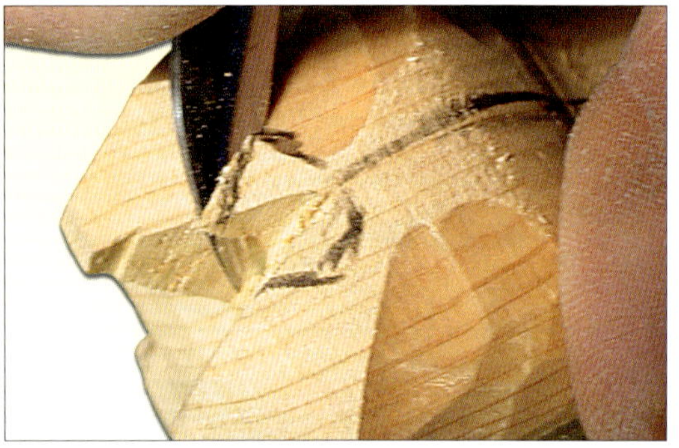

Abbildung 220 – Legen Sie einen **Führungsschnitt** an der Rückseite des Ohrs an.

Abbildung 221 – Führen Sie einen **hebelnden Schnitt** bis zum Führungsschnitt.

Abbildung 222 – **Wiederholen** Sie den Vorgang auf der anderen Seite.

Abbildung 223 – **Runden** Sie das Ohr mit schälenden Schnitten von vorne nach hinten vorsichtig ab.

Abbildung 224 – Die **fertigen Ohren**.

Abbildung 225 – Reißen Sie die **Innenseiten** der Ohren an, wie auf dem Foto zu sehen.

Abbildung 226 – Legen Sie einen **Führungsschnitt** in das Ohr an – an der Unterseite tief, nach oben hin flacher .

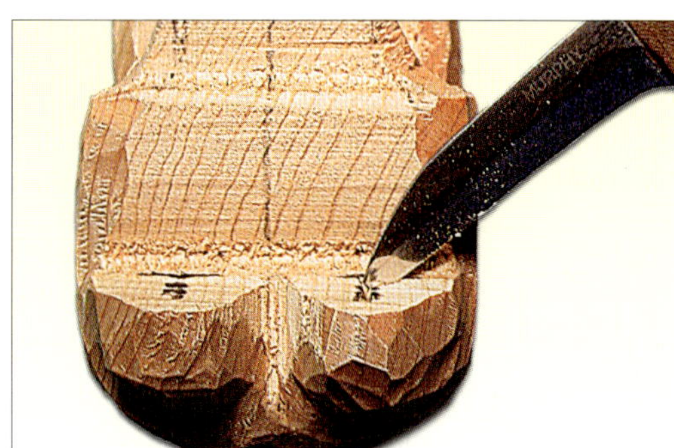

Abbildung 227 – Legen Sie an der Unterseite des Ohrs einen **Führungsschnitt** von der Markierung bis zur Außenseite an.

Abbildung 228 – **Wiederholen** Sie den Vorgang auf der anderen Seite.

Abbildung 229 – **Führen Sie die Messerspitze** in den ersten Führungsschnitt ein, und entfernen Sie einen Span. Drehen Sie die Figur um, und wiederholen Sie den Vorgang auf der anderen Seite des Ohrs.

Abbildung 230 – **Wenn das Ohr fertig ist**, legen Sie die Führungsschnitte zum anderen Ohr an und stellen sie fertig.

Abbildung 231 – **Die ausgehöhlten Ohren.**

Abbildung 232 – **Runden Sie die Ohren** mit vorsichtig schälenden Schnitten ab.

Abbildung 233 – **Wenn beide Ohren** fertig sind, wird an der Schnauze weitergearbeitet.

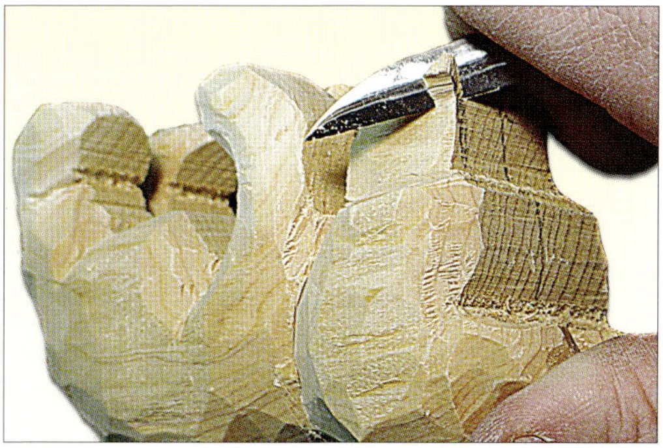

Abbildung 234 – Arbeiten Sie mit **schälenden Schnitten** von der Nase zu den Augen hin.

Abbildung 235 – So sollte die **Schnauze** aussehen, nachdem eine Kante entfernt worden ist. Bearbeiten Sie die andere Seite genauso.

Abbildung 236 – **Entfernen** Sie die untere Kante der Schnauze mit schälenden Schnitten. Wiederholen Sie den Vorgang auf der anderen Seite.

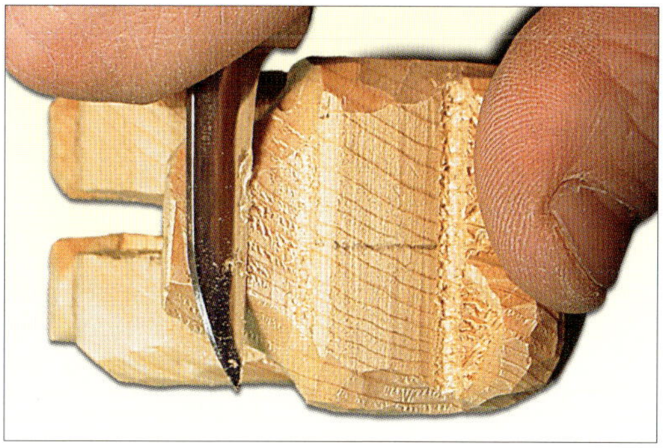

Abbildung 237 – Bearbeiten Sie mit schälenden Schnitten die **Oberseite** der Schnauze bis zu den Augenbrauen hin.

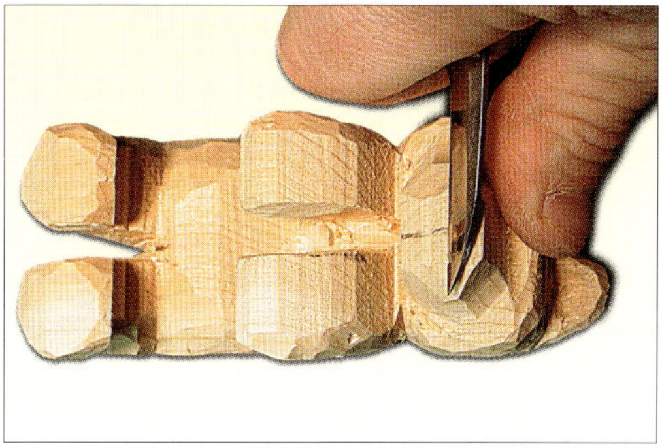

Abbildung 238 – **Verputzen** Sie vorsichtig die Schnauzenspitze. Entfernen Sie die Sägespuren unter der Schnauze.

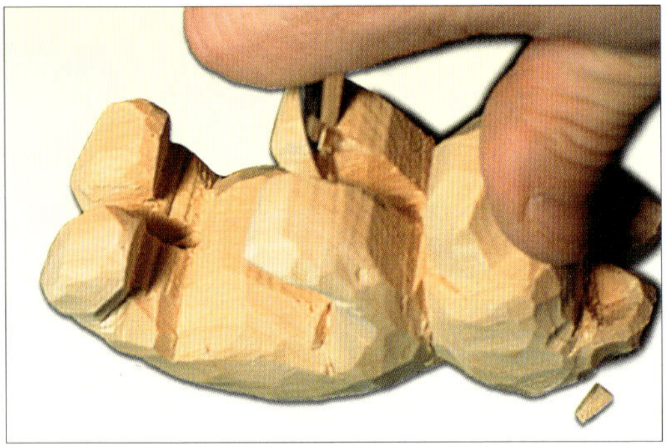

Abbildung 239 – **Runden** Sie die Vorderpfoten und -beine ab.

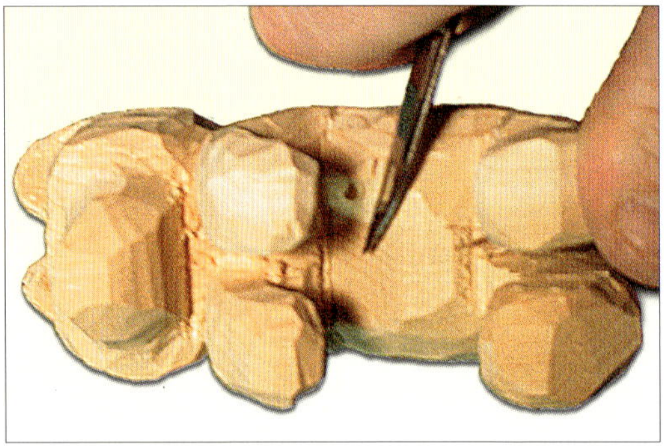

Abbildung 240 – Verputzen Sie die **Sägespuren** am Bauch, und runden Sie ihn zu Ende. Bearbeiten Sie den Bären rundherum noch einmal, um Sägespuren und Bleistiftstriche zu entfernen. Dabei wird die Form insgesamt weiter gerundet.

Abbildung 241 – **Denken Sie daran**, auch den Kopf noch etwas abzurunden.

Abbildung 242 – Jetzt ist die **Formgebung** vollendet. Die Rückseite des Bären sollte so aussehen wie auf dem Foto.

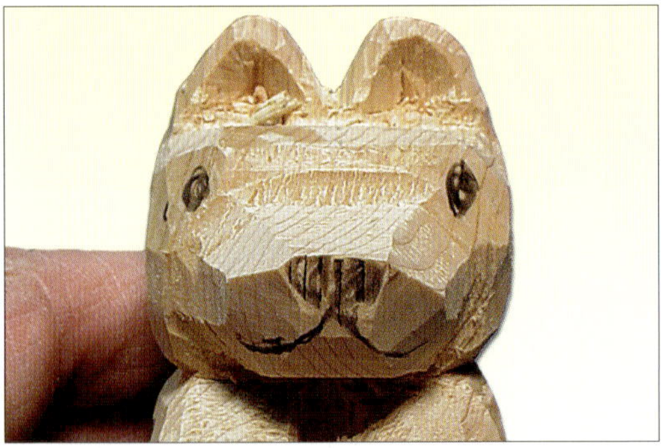

Abbildung 243 – **Bemalen** Sie den Bären. Sie können das Gesicht auch schnitzen oder mit dem Brenneisen gestalten. Falls Sie schnitzen oder brennen wollen, zeichnen Sie das Gesicht wie auf dem Foto vor. Mit einem Zirkel können Sie sicherstellen, daß die Augen spiegelbildlich angeordnet sind.

Abbildung 244 – **Die Nase** wird mit dem Brenneisen gestaltet.

Abbildung 245 – Die Nase sollte so aussehen wie auf **diesem Foto**.

Abbildung 246 – **Die Linien des Maules** werden mit dem Brenneisen angebracht.

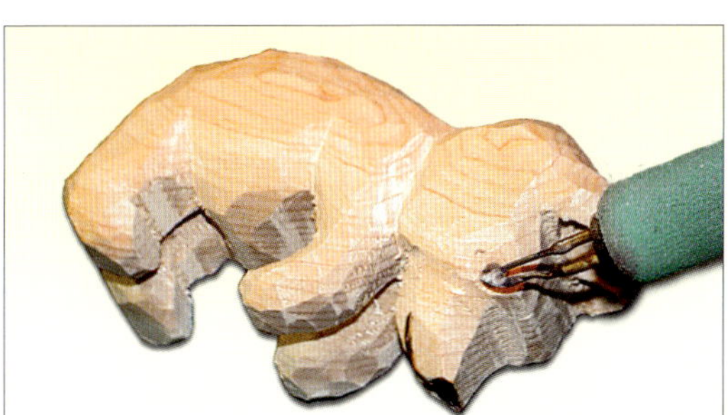

Abbildung 247 – **Legen Sie das Brenneisen** in den Augenwinkeln an.

Abbildung 248 – **Das fertige Gesicht**

Das dritte Werkstück: Ein bärtiges Gesicht

Die letzte Arbeit stellt ein stilisiertes bärtiges Männergesicht dar. Wenn man sich die Arbeitsschritte dieser Schnitzerei angeeignet hat, öffnen sich unzählige andere Möglichkeiten. Das Motiv kann man zum Beispiel an einem Spazierstock oder in einem Stück Treibholz anbringen (Abbildung 249).

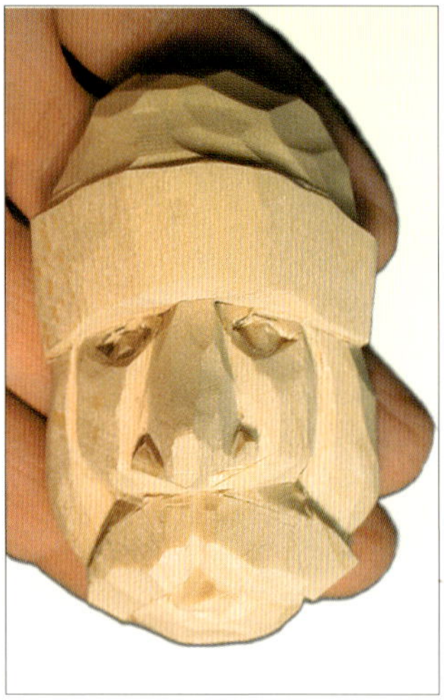

Abbildung 250 – **Wählen** Sie ein Stück Kiefern-, Butternuß- oder Lindenholz mit den Maßen 50 mm x 50 mm x 75 mm aus (links).

Abbildung 251 – Zeichnen Sie mit dem **Lineal** oder **Zeichendreieck** eine Linie von Ecke zu Ecke.

Sägen Sie den Block mit der Bandsäge diagonal durch, um einen dreieckigen Rohling wie auf dem Foto zu erhalten. Am sichersten läßt sich dieser Schnitt durchführen, wenn man den Tisch der Bandsäge schräg stellt oder eine entsprechende Haltevorrichtung baut.

Abbildung 252 – Bringen Sie auf dem Rohling **Markierungen** an, wie sie auf dem Foto zu sehen sind.

Abbildung 253 – Legen Sie mit dem Messer oder der Laubsäge **zwei Führungsschnitte** an. Diese Schnitte sollten besser nicht mit einem Elektrowerkzeug gemacht werden.

Abbildung 254 – Wenn die **Führungsschnitte** angebracht sind, können Sie mit dem Schnitzen beginnen.

Abbildung 255 – **Schneiden Sie** die vier markierten Ecken ab, wie es auf dem Foto zu sehen ist.

Abbildung 256 – **Achten Sie darauf**, daß die Schnitte gleich tief und parallel sind.

Abbildung 257 – **Entscheiden Sie sich**, welches Ende des Rohlings die obere Seite des Gesichtes werden soll. Schneiden Sie mit einem hebelnden Schnitt vom unteren Führungsschnitt zum anderen Schnitt hin.

Abbildung 258 – **Wenn der Schnitt** ausgeführt ist, sollte er so aussehen wie auf dem Foto. Behandeln Sie den zweiten Führungsschnitt auf die gleiche Weise, indem Sie vom Kinn dorthin schneiden, wo die Nase sein wird.

Abbildung 259 – **Führen Sie** einen hebelnden Schnitt von dem Gebiet über dem Auge bis hoch zur Augenbraue, und entfernen Sie den Span mit einem Führungsschnitt.

Abbildung 260 – **Eine Seite ist fertig.**

Abbildung 261 – **Drehen Sie** den Rohling um, und wiederholen Sie den Vorgang, diesmal jedoch mit einem schälenden Schnitt. Entfernen Sie den Span mit einem Führungsschnitt.

Abbildung 262 – **Die Augenbraue** ist grob vorgearbeitet.

Abbildung 263 – **Wiederholen Sie den Vorgang** mit einem hebelnden Schnitt unterhalb der Nase, um die Form der Lippe und des Schnurrbartes festzulegen.

Abbildung 264 – **Bringen Sie** auf der gegenüberliegenden Seite einen weiteren Führungsschnitt an.

Abbildung 265 – **Drehen Sie** den Rohling um, beginnen Sie mit einem weiteren schälenden Schnitt, und entfernen Sie den Span mit einem weiteren Führungsschnitt.

Abbildung 266 – **Das Gesicht** sollte so aussehen wie auf dem Foto. Zu diesem Zeitpunkt sollten die Augenbrauen und die Nase noch gleich aussehen.

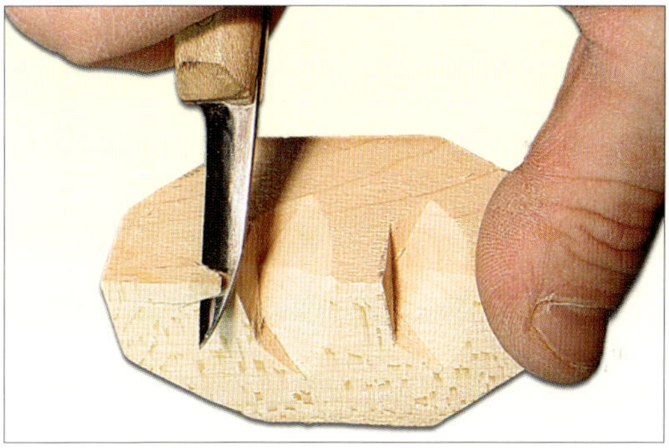

Abbildung 267 – **Entfernen** Sie etwas Holz zwischen Augenbraue und Oberseite des Kopfes.

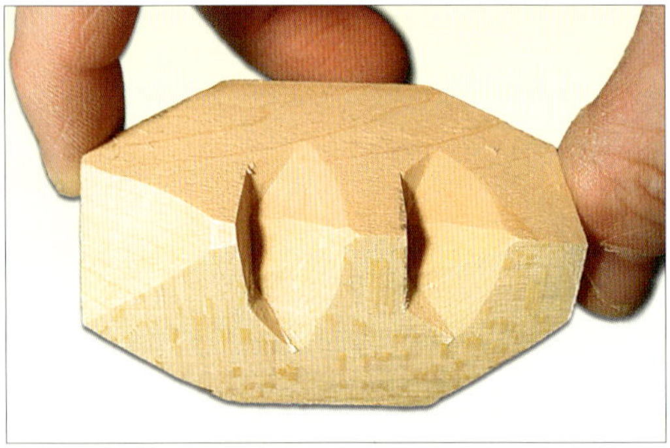

Abbildung 268 – Dadurch wird die Stirn oben etwas **zurückversetzt**. Wiederholen Sie den Vorgang unterhalb der Nase.

Abbildung 269 – **Es sollte so aussehen wie auf dem Foto.**

Abbildung 270 – Machen Sie einen **schrägen** Führungsschnitt in die Augenbraue hinein. Jetzt kann der Rohling wieder mit Hilfslinien versehen werden.

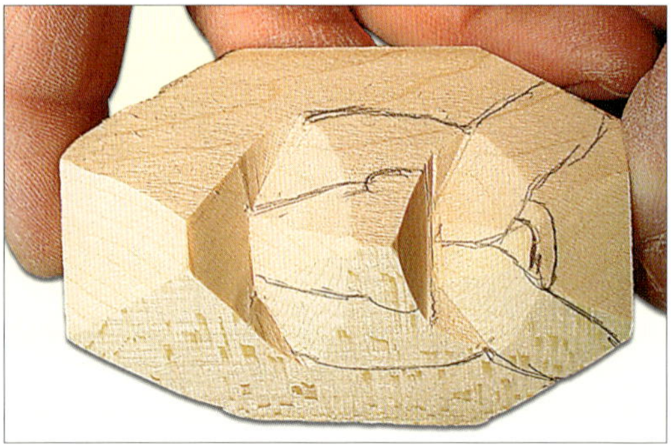

Abbildung 271 – **Markieren** Sie den Rohling wie hier gezeigt. Zeichnen Sie die Seiten der Nase, den Schnurrbart, die Lippen und die Seiten des Gesichtes ein.

Abbildung 272 – Der Mund besteht aus einer **kleinen dreieckigen Öffnung.** Legen Sie auf jeder Seite einen Führungsschnitt für den Schnurrbart an.

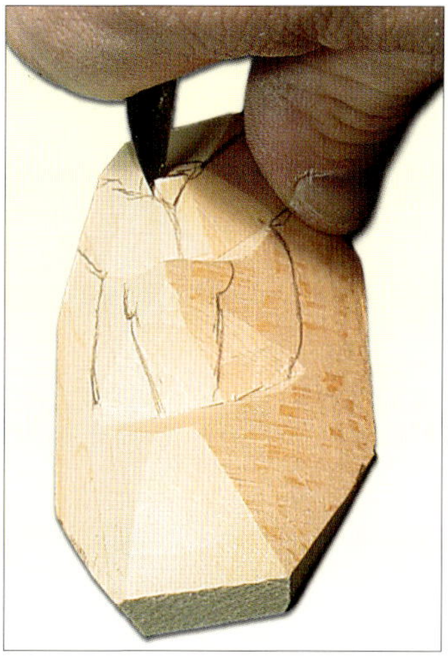

Abbildung 273 – Benutzen Sie **nur** die Messerspitze, um mit einem schälenden Schnitt den Span herauszuheben.

Abbildung 274 – Verwenden Sie die **gleiche Arbeitsweise** für den Mundwinkel unterhalb der Lippe. Legen Sie einen Führungsschnitt entlang des Schnurrbartes an.

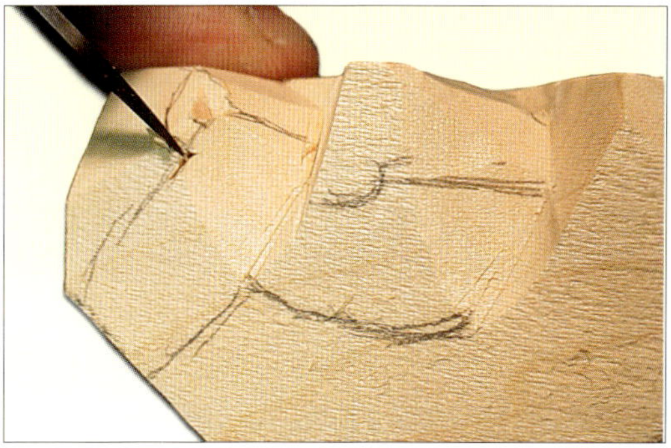

Abbildung 275 – Legen Sie einen **weiteren Führungsschnitt** entlang der Lippe an.

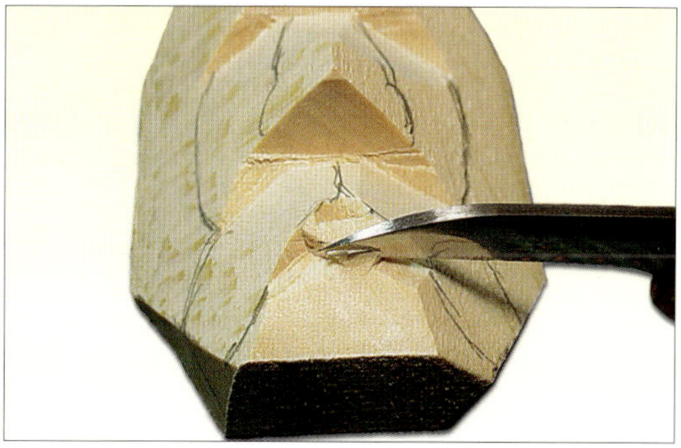

Abbildung 276 – **Entfernen** Sie den Span mit einem hebelnden Schnitt. Wiederholen Sie den Vorgang auf der anderen Seite, und machen Sie einen Führungsschnitt direkt unterhalb der Lippe.

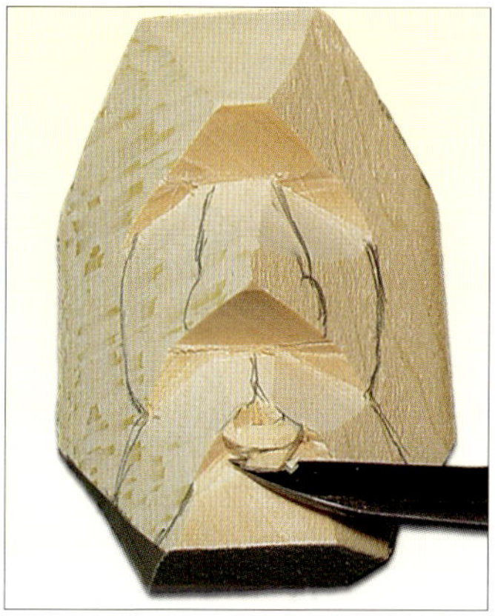

Abbildung 277 – Machen Sie einen **schälenden Schnitt** bis hin zu dem Führungsschnitt.

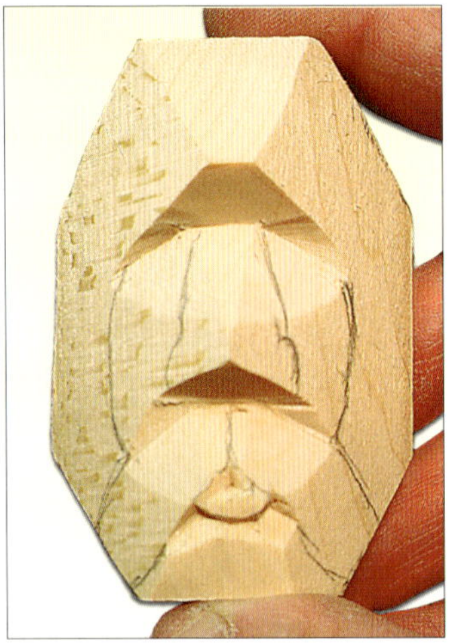

Abbildung 278 – **Der Mund** sollte so aussehen.

Abbildung 279 – Legen Sie einen **Führungsschnitt** zur unteren Ecke des Gesichtes hin.

Abbildung 280 – Machen Sie auf der anderen Seite einen **Führungsschnitt**, und entfernen Sie den Span.

Abbildung 281 – **Eine Seite ist fertig.**

Abbildung 282 – **Fangen** Sie auf der anderen Seite mit einem weiteren Führungsschnitt an.

Abbildung 283 – Fügen Sie einen **zweiten Führungsschnitt** hinzu.

Abbildung 284 – **Beide Seiten sind vorgeschnitten.**

Abbildung 285 – Legen Sie **die Seiten des Gesichtes** fest, indem Sie entlang der Linie Führungsschnitte anlegen.

Abbildung 286 – **Schälen Sie** einen dünnen Span heraus.

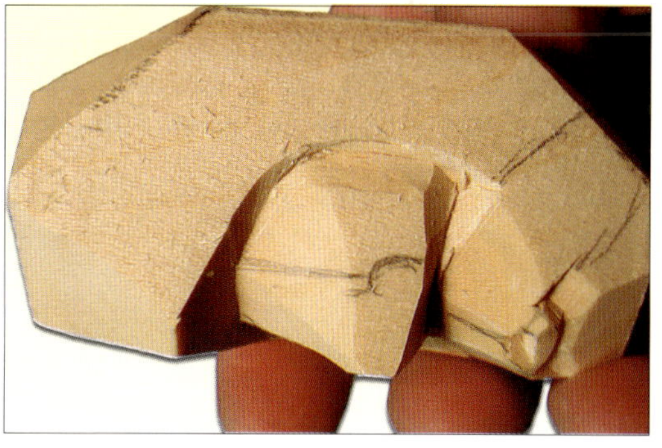

Abbildung 287 – **Jetzt ist eine Seite fertig.**

Abbildung 288 – **Die folgenden Schnitte** können alle mit dem Messer ausgeführt werden, ein Geißfuß ist jedoch ein geeigneteres Werkzeug.

Abbildung 299 – Führen Sie den **Geißfuß** an der Seite der Nase entlang bis in den Augenwinkel. Schnitzen Sie so beide Seiten der Nase.

Abbildung 300 – **Ziehen Sie die Linie** um das Nasenloch herum mit dem Geißfuß oder dem Messer nach.

Abbildung 301 – **Beide Seiten** der Nase sind fertig.

Abbildung 302 – Mit einem **Führungsschnitt** werden die Ecken der Nase entfernt.

Abbildung 303 – **Entfernen Sie** mit einem schälenden, etwas schrägen Schnitt Holz unter der Nase.

Abbildung 304 – **Die Nase** ist grob vorgearbeitet.

Abbildung 305 – Stechen Sie mit der **Messerspitze** in das Holz unterhalb der Nase, um eine Höhlung für das Nasenloch zu schaffen. Schnitzen Sie so beide Seiten.

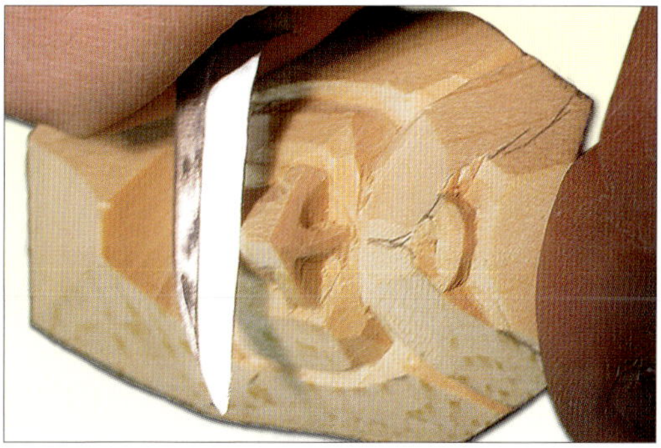

Abbildung 306 – **Verputzen** Sie die Nasenspitze. Damit ist die Nase fertiggeschnitzt.

Abbildung 307 – Arbeiten Sie mit dem **Geißfuß** oder dem Messer, um die beiden Hälften des Schnurrbartes zu trennen.

Abbildung 308 – **Vertiefen** Sie den Schnurrbart ein wenig.

Abbildung 309 – **Nun ist es an der Zeit**, die Augen zu bearbeiten. Es empfiehlt sich, den Vorgang an einem Stück Restholz zu üben, Legen Sie zwei Führungsschnitte an, und entfernen Sie das Holz dazwischen mit einem schälenden Schnitt, um eine Augenhöhle wie auf dem Foto anzulegen.

Abbildung 310 – Zeichnen Sie ein **spitzes Oval als Auge**.

Abbildung 311 – Fügen Sie einen **zweiten Führungsschnitt** hinzu.

Abbildung 312 – **Entfernen** Sie den Span mit einem hebelnden Schnitt.

Abbildung 313 – **Wiederholen Sie den Vorgang**, und machen Sie einen Führungsschnitt auf der einen Seite.

Abbildung 314 – Machen Sie einen **Führungsschnitt** auf der anderen Seite.

Abbildung 315 – **Entfernen** Sie den Span mit einem hebelnden Schnitt.

Abbildung 316 – Verputzen Sie mit dem **Messer** unterhalb des Augenlides.

Abbildung 317 – **Wiederholen** Sie den Vorgang für das untere Augenlid.

Abbildung 318 – **Sehr gut.** Jetzt am richtigen Objekt.

Abbildung 319 – **Zeichnen Sie die Augen ein.**

Abbildung 320 – **Der erste Führungsschnitt.**

Abbildung 321 – **Der zweite Führungsschnitt.** Entfernen Sie den Span.

Abbildung 322 – Legen Sie **zuerst** einen Führungsschnitt am äußeren Augenwinkel an.

Abbildung 323 – Der **zweite Führungsschnitt.** Entfernen Sie den Span.

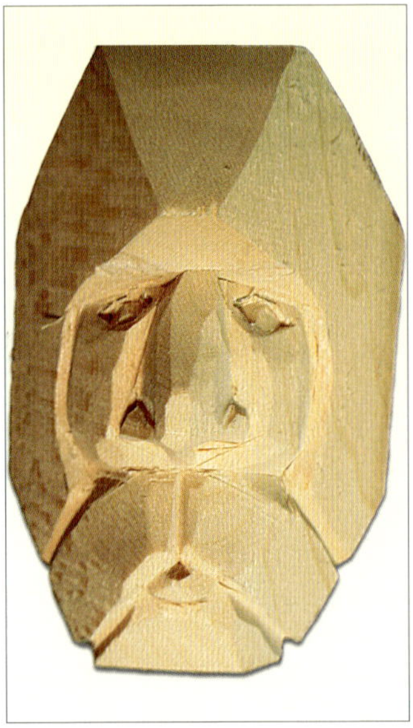

Abbildung 324 – Die **Augen** sind fertig.

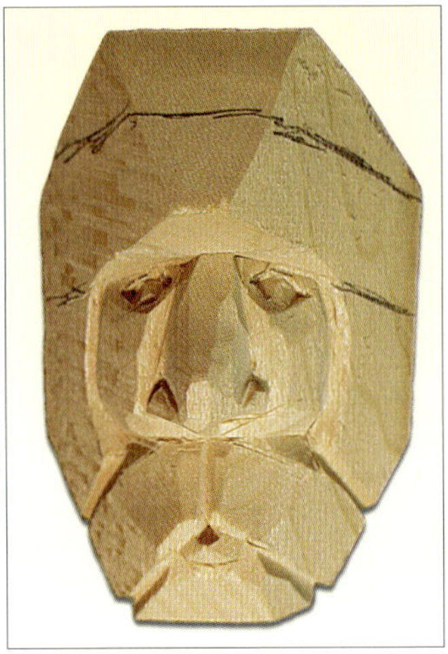

Abbildung 325 – **Unser Gesicht** soll einen amerikanischen Waldläufer mit Waschbärenfellkappe darstellen. Reißen Sie die Krempe der Kappe an.

Abbildung 326 – Bearbeiten Sie die unteres Krempenkante mit dem **Geißfuß**.

Abbildung 327 – Die Oberseite der Krempe wird **ebenso** bearbeitet.

Abbildung 328 – **Die Krempe** ist grob vorgearbeitet.

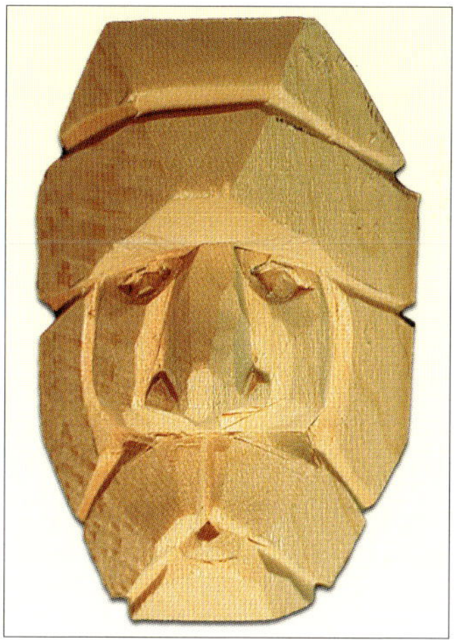

Abbildung 329 – **Entfernen Sie am Ende** der V-Kerben einen Span, um das Haar von der Kappe zu trennen.

Abbildung 330 – Bearbeiten Sie die Kappe mit **schälenden Schnitten**.

Abbildung 331 – **Die Kappe** sollte so aussehen wie auf dem Foto.

Abbildung 332 – Die Krempe wird **abgerundet**.

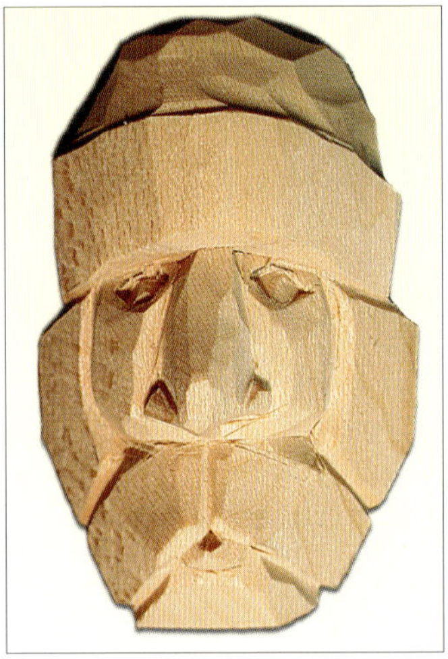

Abbildung 333 – **Die fertige Kappe.**

Abbildung 334 – **Vertiefen** Sie die Schnitte unter dem Schnurrbart.

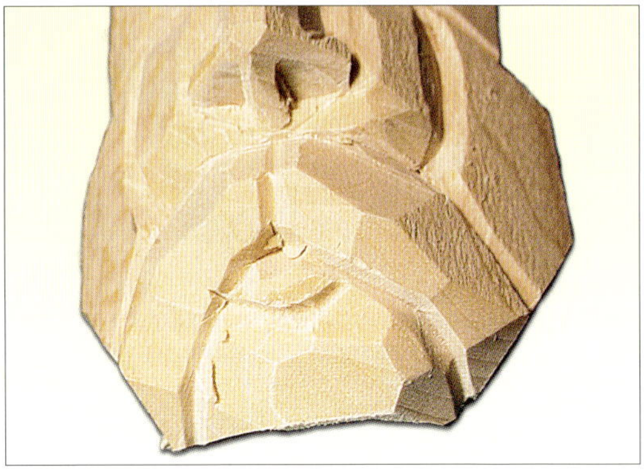

Abbildung 335 – **Das fertige Kinn.**

Abbildung 336 – **Verputzen** Sie bis zum Schnurrbart.

Abbildung 337 – **Es sollte** so aussehen wie auf dem Foto.

Abbildung 338 – **Verputzen Sie das Haar.**

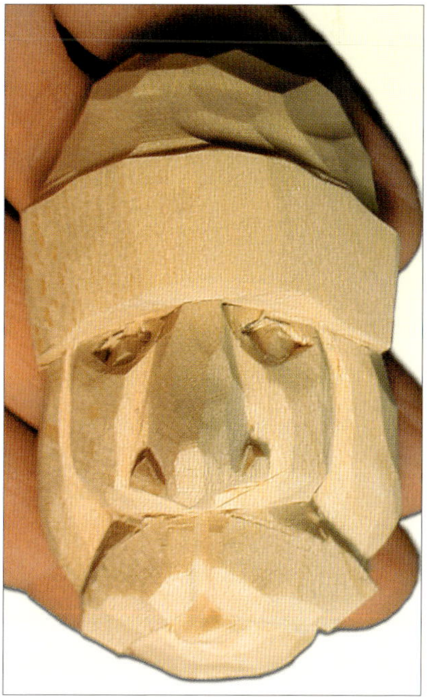

Abbildung 339 – **Das fertige Gesicht.**

Ein paar Hinweise und Tips

Dieses Buch soll ein Ausgangspunkt sein, von dem aus Sie in Ihrer Schnitzpraxis weiter fortschreiten können. Es gibt etliche weitere Bücher zum Thema Holzschnitzen, die Ihnen dabei helfen können, und deren Lektüre ich Ihnen ans Herz legen möchte. Gehen Sie doch auch mal ins Internet. Es gibt Seiten, die sich mit dem Schnitzen befassen. Hier können Sie am besten neue Trends aufspüren. Vielleicht besuchen Sie auch einen Schnitzkurs, hier bekommen Sie schnell Praxis.

Meiner Erfahrung nach eignen sich die Kästen, in denen Angler ihr Zubehör aufbewahren, gut für den Transport und die Aufbewahrung von Schnitzmessern und –eisen. Vor allem diese mit Fachunterteilungen sind zu empfehlen. Da die Kästen aus Kunststoff sind, werden die Klingen der Werkzeuge nicht beschädigt, und die scharfen Werkzeuge sind trotzdem sicher aufbewahrt. Ähnlich gut eignen sich auch kleinere Werkzeugkästen, wie sie im Fachhandel zu erhalten sind. Größere Werkzeuge können gut in flachen Kunststoffablagen untergebracht werden, wie sie im Bürofachhandel zu bekommen sind. Manche davon sind mit Rollen versehen, so daß sie sich leicht bewegen lassen.

Ein Erste-Hilfe-Kasten gehört zur Grundausstattung einer jeden Holzschnitzer-Werkstatt. Als Mindestausstattung sind sterile Bandagen und Pflaster in verschiedenen Größen sowie ein Hautdesinfektionsmittel zu nennen. Je schneller eine Schnittverletzung gesäubert und verbunden ist, desto schneller kann man weiterschnitzen.

Digitalfotos lassen sich gut in Strichzeichnungen umwandeln, wenn man den entsprechenden »Kanten-Filter« verwendet, über den viele Computerprogramme zur Bildbearbeitung verfügen.

Ich wünsche Ihnen immer viel Freude und Erfolg auf all Ihren schnitzerischen Wegen!